# 시끌벅적 사건으로 배우는 어린이 세계사 1

시끌벅적 사건으로 배우는 어린이 세계사 1

지은이 신현배
그린이 최희옥

처음 찍은 날 2020년 11월 2일
처음 펴낸 날 2020년 11월 10일

펴낸곳 이론과실천
펴낸이 최금옥
등록 제10-1291호
주소 (07207) 서울시 영등포구 양평로21가길 19 선유도우림라이온스밸리 B동 512호
전화 02-714-9800
팩시밀리 02-702-6655

ISBN 978-89-313-8181-8  74900
      978-89-313-8180-1  (세트)

- 이 책의 일부 또는 전부를 사용하려면 반드시 저작권자와 이론과실천 양측의 동의를 모두 얻어야 합니다.
- 이 도서의 국립중앙도서관 출판예정도서목록(CIP)은 서지정보유통지원시스템 홈페이지(http://seoji.nl.go.kr)와 국가자료공동목록시스템(http://www.nl.go.kr/kolisnet)에서 이용하실 수 있습니다.(CIP제어번호: CIP2020043553)

- 값 13,000원
- 잘못된 책은 바꾸어 드립니다.

고마여실은 이론과실천 의 어린이책 브랜드입니다.

| KC | 품명 도서  제조자명 도서출판 이론과실천  제조국명 대한민국  사용 연령 10세 이상  주소 (07207) 서울시 영등포구 양평로21가길 19 선유도우림라이온스밸리 B동 512호  전화 02-714-9800  제조년월 2020년 11월  KC 마크는 이 제품이 공통안전기준에 적합하였음을 의미합니다. |

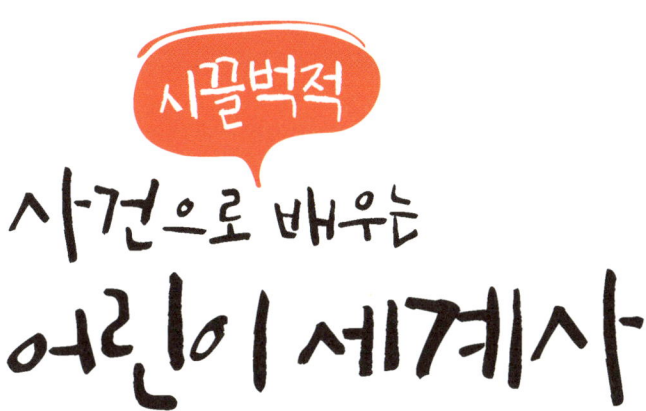

시끌벅적 사건으로 배우는
어린이 세계사

신현배 지음 | 최희옥 그림

1 고대부터 근세까지

**머리말**

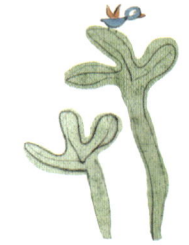

### 어린이 친구들, 안녕!

이 책에서는 전 세계의 '역사' 이야기를 하려고 해. 세계사는 복잡하고 딱딱하고 어려운 것으로 여기기 쉽지. 사건이나 인물이 친숙하지 않고 낯설게만 느껴지니 말이야. 그럼 이 이야기는 어때?

영국에서는 법관들이 법정에 들어갈 때 희고 긴 가발을 써야만 한단다. 여성 법관도 마찬가지로 남성용 흰 가발을 써야만 해. 이렇게 가발을 쓰는 것은 법관의 높은 지위와 권위를 나타내기 위해서란다. 그런데 우리에게는 어색하게 보이기도 하는 이 가발을 쓰는 전통이 무려 400년이나 되었다고 해. 찰스 2세 때인 1660년 무렵 영국에서는 귀족 남자들 사이에 가발을 쓰는 것이 유행했대. 처음에는 머리가 빠져 대머리가 된 모습을 감추기 위해 사용하기 시작했지만 나중에는 말총으로 만든 비싸고 멋진 가발을 착용해 패션으로 유행한 거지. 그렇다 보니 비싼 가발을 훔쳐 가는 도둑도 많았다고 해. 한번 장만한 가발을 평생 쓰다 보니 이가 들끓고 냄새가 지독하기도 했고 말이지. 법관의 가발에 이렇게 재미있는 역사가 숨어 있다는 게 흥미롭지 않니?

역사를 알면 지금 일어나는 일을 이해하기 쉬워진단다. 또 지금 일어나는 일은 미래에 일어날 일을 보여 주기도 해. 지금 우리가 겪는 모든 일은 미래의 역사가 될 수 있고, 옛날 일어난 모든 일은 우리가 배우는 역사에 포함되어 있는 거란다. 역사를 순서대로 차근차근 배워 가는 것은 조금 지루할 수 있지만, 역사 속 사건을 하나하나 들여다보면 다채로운 사람들의 삶을 볼 수 있어서 흥미롭기도 하단다.

이 책에서는 그렇게 세계 역사를 소개하려고 해. 우리가 몰랐던 역사 속 이야기를 중심으로 말이야. 한 편 한 편 읽다 보면 어느새 역사라는 큰 흐름을 어렴풋이 느끼고 이해하게 될 거야. 어때, 재미있을 것 같지 않니? 그럼 이야기 속으로 풍덩 빠져 볼까?

# 차례

머리말 4

## 나라를 통일하고 더 큰 세상을 꿈꾼 고대

**01 장난감** 고대에 어린이들에게 사랑받은 장난감은? 10

**02 형벌** 해마다 한 번 매를 맞은 고대 바빌로니아의 왕 14

**03 주화** 스파르타에서는 왜 무거운 무쇠 돈을 사용했을까? 18

**04 재판** 아테네 시민 법정에는 검사도 변호사도 없었다? 23

**05 알렉산드리아 도서관** 알렉산드리아 도서관의 책 70만 권은 누가 불태웠을까? 27

**06 포에니 전쟁** 로마군과 싸운 카르타고군은 고용된 외국 용병이었다? 32

**07 인장 반지** 인장 반지와 독 반지와 한니발 36

**08 점치기** 고대 로마 사람들의 아주 특별한 점치기 39

**09 로마 대화재** 네로 황제가 로마에 불을 질렀다? 43

**10 복권** 로마의 네로 황제 때 복권 상품은 귀뚜라미 열 마리? 48

11 **식사 문화** 고대 로마는 대식가의 낙원? 52
12 **결혼** 신부를 납치해 결혼식을 올린 북유럽 게르만족 56
13 **화장** 립스틱을 바르면 지옥에 간다? 59

## 다양하면서도 강력한 문화가 지배한 중세

14 **연** 중국에서는 연에 사람을 태워 날렸다? 63
15 **닭싸움** 당나라 현종이 싸움닭 수천 마리를 기르다 67
16 **향수** 72세 여왕이 향수 덕분에 프러포즈를 받다 71
17 **예언** 르네상스 시대 최고의 예언가는? 74
18 **마녀사냥** 수많은 사람을 마녀로 몰아 죽인 마녀사냥 78
19 **손수건** 유럽 남성은 프러포즈할 때 손수건을 사용했다? 81
20 **해부학** 해부학자는 시체 도둑? 84
21 **백년전쟁** 영국과 프랑스는 왜 백 년 동안이나 전쟁을 했을까? 88
22 **기사** 전쟁과 다름없는 기사들의 마상 시합 92

# 왕과 신, 백성이 조화를 이룬 근세

**23 튤립의 나라** 전 재산을 털어 튤립을 사다 **97**

**24 커피** 교황에게 세례를 받은 '악마의 음료' **101**

**25 국기** 국기 때문에 싸운 나라들도 있었다? **105**

**26 가발** 영국 법관은 재판할 때 가발을 썼다? **109**

**27 런던 대화재** 런던 대화재를 '위대한 화재'라고 부른다? **113**

**28 의치** 가난한 사람들이 자기 이를 뽑아 팔았다? **117**

**29 젖병** 아이의 목숨을 빼앗는 '살인 젖병'과의 전쟁 **120**

**30 고구마** 고구마 덕분에 중국의 인구가 네 배로 늘었다? **124**

**31 연금술** 수은과 납으로 금을 만든다? **128**

**32 해적** 기사 작위를 받은 '해적 왕' 드레이크 **132**

**33 청진기** 청진기는 뚱뚱한 여자 때문에 발명되었다? **136**

**34 극작가 셰익스피어** 셰익스피어가 극장에서 마구간지기 일을 했다? **140**

**35 화학자 돌턴** 위대한 화학자 돌턴은 색맹이었다 **144**

 시끌벅적 사건으로 배우는 어린이 세계사 1

## 나라를 통일하고 더 큰 세상을 꿈꾼
# 고대

도구가 발달하고 농업이 발전하면서 남는 음식이 생겨났고,
이로 인해 원시사회의 평등한 관계는 무너졌단다.
정치적 지배자인 왕이 등장했고 이들이 주도한
전쟁을 통해 국가가 생겨났지. 바빌로니아에서는
왕이 신을 대신해 국가를 다스리는 신정 정치를 했고,
그리스와 로마에서는 노예를 두어 생산 활동을 맡겼어.
그리스의 여러 도시 국가들은 화폐를 사용해 물건을 사고팔았고,
로마는 지중해 지역을 차지하고 세계로 눈을 돌렸단다.

### 장난감
## 고대에 어린이들에게 사랑받은 장난감은?

공과 인형은 고대 이집트나 그리스·로마 시대 어린이 무덤에서 발견될 만큼
아주 옛날부터 어린이들에게 사랑받은 장난감이다.

오늘날 전 세계 어린이들에게 인기 있는 장난감을 꼽는다면 어떤 것들이 있을까? 레고, 인형, 소꿉아이들이 살림살이 흉내를 내며 놀 때 쓰는 여러 물건, 자동차, 공은 빼놓지 않고 들어가겠지?

그럼 지금부터 수천 년 전인 고대에는 어떤 장난감들이 인기가 있었을까? 그 시대를 같이 살지 않았는데 어떻게 알 수 있냐고? 그것은 현대에 와서 발굴된 고대 어린이 무덤을 보면 알 수 있단다. 고대 이집트나 그리스·로마 시대 어린이 무덤에서는 공깃돌·팽이·딸랑이·공·훌라후프·인형 같은 것들이 많이 발견되고 있어. 아이들이 세상을 떠나면 무덤 안에 아이들이 살아 있을 때 가지고 놀던 장난감을 같이 넣어 주었기 때문이야.

공깃돌은 공기놀이를 할 때 쓰는 돌인데, 처음에는 양의 발가락뼈로 만들었다고 해. 아주 오랜 옛날에는 이 공깃돌을 어른들이 점을 칠 때 사용

했어. 그러다가 그리스·로마 시대에 와서 어린이들에게 인기 있는 장난감이 되었지.

그리스의 시인 아리스토파네스는 공깃돌로 하는 공기놀이를 여자아이한테 가장 좋은 놀이라고 적극 추천했단다. 그리고 로마의 초대 황제 아우구스투스는 아이들이 길가에서 공기놀이하는 것을 보면, 자신도 끼어들어 아이들과 함께 공기놀이를 하며 놀았다는구나.

팽이는 줄로 감아 던진 뒤 채를 쳐서 돌리는 장난감이야. 기원전 3000년쯤 고대 바빌로니아에서는 아이들이 진흙으로 만든 팽이를 가지고 놀았어. 고대 그리스와 로마에서는 육각형의 팽이가 팽이치기뿐 아니라 주사위 대용으로 쓰였지. 중국에서는 당나라 때 널리 가지고 놀았고, 우리나라에는 고려 때 건너와 많은 사랑을 받았어.

딸랑이는 아기들이 흔들면서 노는 장난감이야. 속이 빈 용기에 물건을 넣어 소리가 나게 했지. 기원전 1360년쯤부터 이집트에서 처음 유아용 장난감으로 쓰이기 시작했어. 그 이전에는 종교 의식 때 주로 쓰였다고 해. 딸랑이가 병이나 귀신을 쫓는 등 초자연적인 힘이 있다고 믿었거든.

공은 역사상 가장 오래된 장난감으로 알려져 있어. 선사 시대부터 어린이와 어른 들이 어울려 공을 갖고 놀았다고 해. 고대 이집트 유적에는 공놀이 그림이 있고, 스포츠를 싫어한 로마인들도 공놀이만큼은 즐겨 했다는구나. 그래서 목욕탕이나 저택에는 공놀이를 할 수 있는 마당이 따로 있었지.

훌라후프는 고대 이집트와 그리스·로마에서 널리 쓰던 장난감이었어.

포도나무 덩굴로 만들었는데, '의학의 아버지'로 불리는 히포크라테스가 땀 흘려 운동하면 건강에 좋다고 하면서 훌라후프를 사람들에게 권하기도 했단다. 훌라후프는 1960년대에 미국에서 크게 유행하여 반년 만에 2천만 개나 팔렸대.

 인형은 구석기 시대 유적지에서 발견될 만큼 공과 함께 인류의 가장 오래된 장난감이야. 처음에는 재앙을 쫓는다는 종교적인 목적으로 만들어졌지. 인형이 고대 이집트나 그리스·로마 시대 어린이 무덤에서 나온 것으로 미루어, 이때부터 장난감으로 사용되었음을 알 수 있어. 당시의 인형은 사람을 본떠 만든 것뿐 아니라 여러 가지 동물 모양도 있었단다.

## 곰 인형 '테디 베어'가 미국 대통령 때문에 만들어졌다고?

1902년 어느 날, 미국 대통령 테오도어 루스벨트는 미국 남부를 방문했다가 사냥에 나서게 되었어. 사냥 모임을 준비한 주최 측은 대통령의 사냥을 도우려고 아기 곰을 대통령이 있는 곳에 데려다 놓았단다. 그들이 아기 곰이 달아나지 못하도록 길을 막고 있었기에 대통령이 사냥을 하는 것은 식은 죽 먹기였지. 그러나 루스벨트는 겁에 질린 아기 곰이 불쌍해 총을 쏘지 않았어.

그 다음 날 『워싱턴 스타』라는 신문에는 이 일을 풍자한 만화가 실렸어. 총을 손에 쥔 루스벨트 뒤에 겁먹은 아기 곰이 몸을 잔뜩 움츠리고 있는 장면이었지. 이 만화를 본 장난감 상인 모리스 미첨은 아기 곰 장난감을 만들었어. 그리고 루스벨트의 별명인 '테디'를 붙여 '테디 베어'라고 불렀지.

테디 베어는 만들어지자마자 엄청난 인기를 끌었어. 미국뿐만 아니라 유럽에서도 불티나게 팔렸지. 곰 인형은 오늘날에도 아기들 선물용으로 인기가 높단다. 프랑스에서 팔리는 인형 100개 중에 86개가 곰 인형일 정도로 말이야.

**형벌**
# 해마다 한 번 매를 맞은 고대 바빌로니아의 왕

옛날에는 죄를 지은 사람을 대부분 매로 다스렸다. 지금은 매 대신
훈계 또는 벌금, 징역 등의 형태로 처벌하는 경우가 대부분이다.

    우리나라에서는 조선 시대에 가벼운 범죄를 저지른 죄인을 태형으로 다스렸어. 태형이란 매로 볼기를 치는 형벌을 말해. 태형은 신체에 직접 폭력을 가해서 인간의 존엄성을 침해하기 때문에 지금은 대부분의 나라에서 폐지되었지만 아직도 태형을 실시하고 있는 곳들이 있어. 싱가포르, 말레이시아, 사우디아라비아 등이야. 싱가포르에서는 강도, 마약, 폭동 등 무거운 죄뿐 아니라 공공 기물 훼손이나 낙서 같은 행위도 태형으로 다스리지.
    싱가포르에서는 태형을 집행할 때 죄인이 형틀에 엎드리면 손발을 묶고 허리에 보호대를 두른 뒤 엉덩이를 벗겨 회초리로 때린다고 해. 1분에 한 대씩 때리는데, 피가 나면 집행을 중단했다가 다시 때리지. 상처가 심하면 병원 치료를 받고, 상처가 아물면 나머지 형을 집행한대. 요즘은 사람 대신 기계가 태형을 집행한다는구나.

세계 4대 문명 발생지의 하나인 메소포타미아에는 고대 도시 바빌론이 있었어. 바빌론은 고대 왕국 바빌로니아의 수도였고, 나중에 이곳에 인류 최초의 대제국이 세워지게 되지. 그런데 바빌론에서는 해마다 한 번 아무 죄도 짓지 않은 왕이 매를 맞는 의식이 벌어졌어. 바빌로니아의 수호신인 마르두크의 신전에서 새해 첫 종교 의식인 신년제가 열렸는데 이 행사의 하나였지. 신년제는 태양신 마르두크에게 감사하며 올리는 제사였어.

의식이 시작되면 왕은 자신의 칼과 지팡이, 고리 등을 마르두크의 대리인인 신관에게 주었어. 이것들은 왕권을 상징하는 물건들이지.

그런데 그 뒤 신관은 왕의 귀를 잡아당겨 왕을 마르두크 신상 앞에 끌고 가서는 난데없이 뺨을 때리고 무릎을 꿇게 하는 거야. 이때 왕은 노여워하거나 반항조차 하지 못했어. 신관이 때리는 매를 고스란히 다 맞고 마르두크 신 앞에 이런 맹세를 해야 했지.

"저는 그동안 죄를 저지르지 않았습니다. 앞으로도 죄를 저지르지 않을 것입니다. 저는 신의 은총을 받아 이 나라를 다스려 왔습니다. 앞으로도 신의 은총과 권위를 잊지 않을 것입니다. 저는 이 나라를 보존하고 백성들을 보호하는 일에 온 힘을 기울였습니다. 앞으로도 그렇게 할 것입니다."

왕의 맹세가 끝나면 신관은 마르두크 신을 대신하여 말했어.

"나는 그대 권력을 강하게 해 줄 뿐 아니라, 영원히 그대에게 복을 주겠다. 또한 그대에게 맞서는 적이 있으면 누구든 무찔러 주겠다."

그러고는 왕에게 칼, 지팡이, 고리 등을 돌려주었지. 이때 신관은 다시 왕의 뺨을 철썩철썩 때리는데, 왕은 신의 은혜에 감격해 눈물을 흘려야

해. 그러지 않으면 신의 분노를 산다고 믿었지.

고대 바빌로니아에서 해마다 이런 의식을 벌인 것은, 왕이 신을 대신하여 다스린다는 사실을 백성들에게 알리기 위해서였어. 그래야만 백성들이 왕의 권위에 복종하며 권력의 정통성을 인정할 테니까.

### 미국 소년이 싱가포르에서 태형을 당했다고?

1994년 3월, 태형 때문에 온 미국이 떠들썩한 적이 있었어. 싱가포르에 사는 미국 소년 마이클 페이가 자동차에 스프레이 페인트를 뿌리고, 싱가포르 국기와 도로 표지판을 뽑아 자기 집에 가져간 죄로 징역 4개월 및 벌금 3,500싱가포르달러, 6대의 태형을 선고받았기 때문이야.

이 소식이 미국에 전해지자 미국 사람들은 마이클 페이를 동정했어. 그래서 당시 미국 대통령이었던 클린턴은 싱가포르 대통령에게 전화를 걸어 마이클 페이를 용서해 달라고 부탁했고, 상원 의원 24명이 관용을 베풀어 달라는 편지까지 보냈어. 이로 인해 태형이 6대에서 4대로 줄어들긴 했지만 형은 5월에 집행되었단다.

## 주화

### 스파르타에서는 왜 무거운 무쇠 돈을 사용했을까?

쇠붙이를 녹여 만든 화폐를 주화라 하는데, 옛날에는 금, 은, 구리 등을 원료로 썼다. 지금은 구리로 만든 것이 많아서 동전이라고도 한다.

　　세계 최초로 주화를 만들어 사용한 것은 기원전 7세기경 리디아<sup>지금의 터키</sup> 왕국이었어. 주화는 일정한 무게의 쇠붙이를 녹여 틀에 넣어서 모양을 찍어 낸 것을 말하는데, 아주 옛날에는 틀에 넣는 대신 발행한 곳의 마크나 스탬프를 찍기도 했어.

　　리디아 사람들이 만든 주화는 금과 은을 3대 1의 비율로 섞은 천연 합금이었어. 황백색을 띠기 때문에 '호박금'이라고 불렀지. 크기가 콩만 하면서도 사자·수사슴·숫양 등 동물의 모습이 찍혀 있고, 주화의 무게와 순도를 보증하는 각인이 찍혀 있어. 따라서 거래를 할 때는 일일이 무게를 재지 않고 주화의 개수를 헤아리기만 하면 되니 당시 사람들이 편리하게 사용할 수 있었지. 리디아에서 주화를 만들 수 있었던 것은 수도 사르디스 근처를 흐르는 파크톨루스강에서 많은 양의 사금을 얻을 수 있었기 때문이야.

리디아에서 수백 킬로미터 떨어진 소아시아 서해안에는 그리스 사람들이 세운 도시 국가들이 있었어. 이곳을 이오니아 지방이라 하는데, 이오니아 사람들은 처음에 리디아 주화를 사용했고, 리디아 사람들에게서 주화 만드는 방법을 배워 그리스 본토로 전했단다. 그리하여 아테네·코린토스 등 그리스 본토에서도 기원전 570년쯤 주화를 만들어 사용하게 되었지. 기원전 6~5세기 그리스에서 가장 유명했던 주화는 4드라크마짜리 은화야. 이 은화는 앞면에 아테나 여신의 머리를, 뒷면에 올빼미와 올리브 나뭇가지를 새겨 넣었지. 이 4드라크마짜리 은화를 '그리스 예술품의 정수'로 꼽고 있단다.

당시 그리스 사람들은 물건을 사고팔 때 주화를 사용했어. 그리고 아테네 시민들은 배심원으로 재판에 참여하거나 의회 일을 할 때도 나라에서 수당으로 주화를 받았어. 또한 도시 국가들이 병사들에게 급료를 줄 때도 주화를 사용했단다.

기원전 4세기 때 마케도니아의 알렉산드로스 대왕은 드라크마 주화를 많이 만들었어. 그는 주화에 자신의 얼굴을 새겨 넣었는데, 이 주화를 병사들의 급료로 지급했어. 기병은 하루에 2드라크마, 보병은 1드라크마를 주었는데, 당시 일반 노동자들의 급료보다 몇 배나 높은 금액이었지. 이렇게 많은 돈을 받으니 병사들의 사기가 높아져 가는 곳마다 승리를 거둘 수 있었단다.

스파르타는 그리스의 한 도시 국가인데, 기원전 10세기쯤 도리아인이

라코니아 지방으로 내려와 세웠어. 원래 라코니아 지방에 살던 아카이아 인과 메세니아인은 노예인 '헤일로타이'가 되었는데, 스파르타 시민이 2만 5천 명이라면 이들은 무려 25만 명이나 되었어. 그래서 스파르타는 헤일로타이의 반란을 두려워하여 모든 시민이 군사 훈련에만 열중하는 '전사 국가'가 되었지. 그 대신 농사일은 헤일로타이에게 맡겨 전담하도록 했어.

스파르타에서는 시민들의 돈벌이를 금지했어. 돈벌이를 하는 것은 노예들이었고, 노예들이 번 돈은 주인에게 돌아갔지. 스파르타는 그리스의 다른 국가들과 달리 오랫동안 주화를 만들지 않았어. 그 대신 쇳조각인 무쇠 돈을 사용했지. 스파르타에서는 금과 은을 갖는 것은 전사의 정신에 어긋나고 천박한 일이라고 생각했어. 그래서 금과 은으로 된 주화를 만들어 사용하지 않고 천한 돈벌이로 자기 몸을 더럽히려 하지 않았어.

스파르타에서는 시민들이 재물을 모으는 것은 꿈도 꿀 수 없었어. 주화를 쓰지 못하게 하는 데다, 무쇠 돈이라는 것이 가치가 낮고 매우 무거웠어. 물건을 사러 가려면 여러 소가 끄는 수레에 무쇠 돈을 가득 실어야 했어. 그러니 돈을 훔치거나 뇌물을 받는 일은 스파르타에서 일어나지 않았지.

더욱이 이 나라에서는 주화를 사용하지 못하게 하니, 다른 나라에서 들어오는 장삿배가 전혀 없었어. 스파르타에서는 물건을 만들어 팔 길이 없어서 장사를 하지 못했고, 자기 물건을 팔아 무쇠 돈을 받아 봤자 다른 나라에서 사용할 수가 없었거든. 이런 형편이니 스파르타에서는 상업이 발달하지 못했고 화폐 제도도 뒤떨어질 수밖에 없었단다.

## 로마 시대에는 어떤 주화가 사용되었을까?

로마에서는 처음에 구리로 동전을 만들어 사용하다가 기원전 269년 최초로 데나리우스 은화를 만들었어. 이 은화는 앞면에 신들의 초상이, 뒷면에는 종교적·역사적 사건을 나타내는 그림이 새겨졌지.

그 뒤 로마가 공화정에서 황제가 통치하는 제정으로 바뀌면서 모든 주화에는 황제의 초상이 새겨졌어. 기원전 1세기부터는 새로운 주화인 아우레우스 금화가 사용되었는데, 황동으로 바꾼 데나리우스 주화보다 25배나 가치가 높았지.

서기 312년 콘스탄티누스 황제 때는 솔리두스 금화가 만들어졌는데, 이 금화는 매우 질이 좋았단다. 그래서 5세기경 서로마 제국이 멸망당한 뒤에도 동로마 제국인 비잔틴 제국에서 계속 사용했어. 이 금화는 '비잔틴 금화'로 불리면서 중세에 수백 년 동안 많은 사람들에게 사랑을 받았지. 당시 사람들은 "비잔틴 금화는 지구 어디서든 사용할 수 있다." "어떤 나라의 돈도 비잔틴 금화와 비교할 수 없다."고 말할 정도였어.

### 재판
## 아테네 시민 법정에는 검사도 변호사도 없었다?

소크라테스는 고대 그리스의 유명한 철학자로, 일생 동안 철학의 다양한 문제에 관해
토론했다. 많은 제자를 남겼지만 '신성 모독죄'와 '청년들을 타락시킨 죄'로 시민 법정에 섰다.

    소크라테스를 재판했던 법정은 '헬리아이아', 즉 '시민 법정'이었어. 아테네에서는 살인 사건을 제외한 거의 모든 사건의 재판은 시민 법정에서 했어.

    재판은 6천 명으로 구성된 배심원단이 맡았어. 배심원은 30세 이상의 아테네 시민 가운데 매년 10개 부족에서 추첨으로 600명씩 뽑았지. 재판은 사건 규모에 따라 배심원 수가 201명, 401명, 501명, 1,001명, 1,501명, 2,001명, 2,501명으로 달라졌는데, 그 수가 늘 홀수인 것은 투표에서 같은 수가 나오는 것을 피하기 위해서였어.

    배심원으로 참여하면 일당으로 3오볼을 받았어. 3오볼은 일반 노동자의 일당보다 적어, 나중에는 배심원이 노동력을 잃은 노인들로 채워졌지. 배심원에 참여하는 시민들은 농부, 목수, 대장장이, 상인, 신발 수선공 등 다

양한 직업을 가지고 있었어.

　재판이 열리면 그날 모인 배심원들 가운데 추첨으로 재판을 맡을 배심원을 뽑았어. 배심원들은 여기저기 걸터앉았고, 재판을 주관하는 행정 관리는 재판정 안에 있는 높은 연단 위에 앉았어. 그리고 그 주위에는 비서, 서기, 관원들이 자리 잡고 있었지. 또한 앞에는 원고<sub>소송을 의뢰한 사람</sub>와 피고<sub>소송을 당한 사람</sub>가 변론을 할 연단이 좌우에 하나씩 있었어. 변론은 법정에서 재판의 대상이 되는 상황에 대해 자세히 이야기하거나 주장하는 것을 말해.

재판은 서기가 기소장과 피고가 글로 쓴 답변을 읽으면서 시작되었어. 그러고는 원고와 피고가 발언권을 얻어 변론을 했지. 여기서는 오늘날처럼 죄인을 기소하는 검사도, 죄인을 변호하는 변호사도 없었어. 그 다음엔 각자의 주장을 뒷받침하는 증인을 불러 증언을 듣는데, 법정에는 발언 시간을 제한하려고 물시계가 놓여 있었어. 재판은 이 법정이 최종심이기에 그날 저녁때까지 끝내야 하기 때문이었지.

재판이 진행되는 동안 배심원들은 아무 말을 못 하고 듣기만 했어. 그러다가 마지막으로 두 차례 투표를 했는데, 첫 번째는 유죄와 무죄를 가리는 투표이고, 두 번째는 유죄일 경우 형량을 결정하는 투표였어.

법정에는 두 개의 단지가 놓여 있었고 배심원들은 조약돌이나 조개껍질을 넣었어. 한 단지는 무죄, 다른 한 단지는 유죄를 인정하는 표가 모아졌지.

그런데 나중에는 비밀 투표를 하기 위해 배심원들에게 금속 막대가 끼워진 청동 원반 두 개를 나누어 주었어. 청동 원반 한 개는 금속 막대의 내부가 비어 있는 것이고, 나머지 청동 원반은 금속 막대의 내부가 차 있는 것이었어. 배심원들은 두 개의 단지 가운데 첫 번째 단지에 자신의 청동 원반 가운데 하나를 넣어 투표를 했어. 무죄를 인정하면 금속 막대의 내부가 차 있는 청동 원반을, 유죄를 인정하면 금속 막대의 내부가 비어 있는 청동 원반을 넣었지. 그렇게 투표를 마치면 나머지 청동 원반을 두 번째 단지에 넣었단다.

## 소크라테스는 시민 법정에서 어떻게 재판을 받았을까?

　기원전 399년, 소크라테스는 신에 대한 불경죄로 고발당해, '아고라'라 불리는 아테네 광장에서 재판을 받았어. 배심원 501명은 긴 나무 의자에 앉았지. 그리고 법정에는 재판 장면을 보려고 많은 방청객들이 몰려왔어. 배심원들과 방청객들 사이에는 나무 난간이 가로놓였단다.
　재판이 시작되고 고발한 사람들은 3시간에 걸쳐 진술을 했고 소크라테스는 증인 없이 혼자서 자기 입장을 밝혔어. 배심원들은 소크라테스가 사형만은 내리지 말아 달라고 애원하길 바랐지만 소크라테스는 오히려 당당했지. 잠시 뒤에 배심원들이 투표를 했고, 그 결과는 유죄 280표, 무죄 221표로 유죄가 선고되었어. 고발한 사람들은 소크라테스에게 사형을 요구했지.
　친구 크리톤이 탈출할 계획을 세웠지만 소크라테스는 법정의 판결은 비록 사실과 다르더라도 지켜야 한다면서 독이 든 잔을 마시고 세상을 떠났단다.

## 알렉산드리아 도서관
# 알렉산드리아 도서관의 책 70만 권은 누가 불태웠을까?

고대에 가장 크고 영향력 있던 도서관으로, 세계의 모든 교양 도서들을
수집했으며 문서는 대부분 파피루스 종이로 보관했다.

프톨레마이오스 3세가 고대 이집트를 다스릴 때의 일이야.

어느 날, 프톨레마이오스 3세는 고대 그리스 아테네를 대표하는 극작가인 아이스킬로스, 소포클레스, 에우리피데스 등의 자필 원고가 아테네의 국립 문서관에 보관되어 있다는 소식을 들었어. 이 원고들은 빌려 보는 것조차 금지할 정도로 귀한 자료였지.

'아테네를 대표하는 극작가들의 희귀본은 우리 알렉산드리아 도서관에서 소장해야 한다. 그 원본을 우리 손에 넣을 좋은 방법이 없을까?'

프톨레마이오스 3세는 궁리 끝에 아테네의 국립 문서관에 사람을 보내, 두루마리 책 원본을 빌려 달라고 사정했어.

"필사본(베껴 쓴 책)을 만들려고 합니다. 작업이 끝나면 원본은 곧바로 돌려드리겠습니다."

국립 문서관의 관리들은 귀한 원본을 빌려주기 싫어 핑계를 댔지. 두루마리 책 원본을 꼭 돌려주겠다는 보증금으로 은 15달란트<sup>그리스, 이집트의 무게와 화폐 단위</sup> 한 다발을 맡겨야 한다고 말이야. 그것은 지금 돈으로 수억 원쯤 되는 어마어마한 금액이었지. 그런데 프톨레마이오스 3세가 그 조건을 받아들여 두루마리 책 원본을 빌려 올 수 있었단다.

필사본 작업이 끝난 다음엔 어떻게 했을까? 세상에, 두루마리 책 원본은 알렉산드리아 도서관에 빼돌리고 파피루스 종이에 베낀 필사본을 아테네 국립 문서관으로 보낸 거야. 원본을 소장하겠다는 욕심에 거액의 보증금을 포기한 거지.

기원전 300년쯤 알렉산드리아에 도서관을 세운 것은 고대 이집트의 왕 프톨레마이오스 1세야. 역사학자였던 그는 알렉산드리아를 세계 최고의 학문의 전당으로 만들고 싶었어. 그래서 알렉산드리아에 학문을 연구하는 곳인 무세이온과 도서관을 설립했지.

프톨레마이오스 1세는 세계에 있는 모든 책을 수집하여 알렉산드리아 도서관을 채우고 싶었어. 그래서 세계 여러 나라 왕들에게 책을 보내 달라는 편지를 보내는 한편, 책을 사들이는 데 돈을 아낌없

이 썼지.

  프톨레마이오스 1세의 뜻을 이어받은 프톨레마이오스 2세와 프톨레마이오스 3세는 알렉산드리아 도서관에 좋은 책을 채우려고 온갖 노력을 기울였어. 대리인들을 세계 각지로 보내 책이라는 책은 죄다 사서 알렉산드리아로 보내게 했어. 그리고 그것도 모자라서, 알렉산드리아로 들어오는

2002년에 유네스코가 지원해 새로운 알렉산드리아 도서관이 만들어졌어. 건물 벽에 우리말 '얼'도 보이지?

배들을 모두 조사하게 했지. 책이 한 권이라도 눈에 띄면 압수하여 필사본을 만들고 그것을 주인에게 돌려주고 원본은 도서관에 보냈다고 해.

이렇게 수단과 방법을 가리지 않고 책을 모아들인 결과, 알렉산드리아 도서관은 고대 도서관 가운데 가장 큰 규모가 되었어. 도서관에 소장된 두루마리 책이 70만 권에 달했으며, 사상 처음으로 문학·과학 책을 체계적으로 수집해 색인을 만든 것으로도 유명하지.

그러나 고대 알렉산드리아 도서관의 자취는 현재 남아 있지 않아. 불에 타서 없어졌기 때문이야. 확실히 알려진 것은 없지만, 알렉산드리아 도서관은 기원전 48년 로마의 카이사르가 알렉산드리아를 점령했을 때 불타 버렸다고 해. 그 뒤 로마의 안토니우스가 페르가몬 도서관의 장서 20만 권을 클레오파트라에게 선물해 도서관이 재건 허물어진 건물이나 조직 등을 다시 일으켜 세움되었지.

그런가 하면 서기 272년 로마 황제 아우렐리아누스가 팔미라 왕국의 폭동을 진압할 때 알렉산드리아 왕궁과 함께 도서관이 파괴되었다는 이야기도 있어. 그 밖에 640년 사라센의 장군 아무르가 알렉산드리아를 점령했을 때, 국왕 우마르 1세의 명으로 알렉산드리아 도서관의 책들을 불태웠다는 이야기도 전해지고 있지. 이 책들은 그 도시에 있는 목욕탕의 불쏘시개로 쓰였는데, 모든 책을 태우는 데 반년이 걸렸다는구나.

### 고대 페르시아에 낙타 이동 도서관이 있었다고?

고대 그리스나 로마에는 공공 도서관뿐 아니라 개인 도서관도 많이 있었어. 그리스에서는 저명한 학자인 아리스토텔레스나 플라톤 등이 많은 책을 가지고 있었지. 로마에서는 동방으로 원정을 떠난 장군이나 정치가 들이 전리품으로 많은 책을 가져와서 개인 도서관을 만들고 학자나 시민에게 개방했어. 이러한 도서관들은 자신의 권세를 나타내기 위해 만들었다고 해.

고대 페르시아에도 개인 도서관을 만든 사람이 있었는데, 재상 압둘 카셈 이스마일이야. 그는 책을 몹시 좋아하는 독서광이었어. 그래서 먼 지방으로 출장을 떠날 때 400여 마리의 낙타를 동원해 집에 있는 17만 7천 권의 책을 알파벳순으로 실었어. 이 '이동 도서관'인 낙타 부대를 이끌고 여행길에 오른 덕분에, 이스마일은 수십 일씩 걸리는 사막 여행이 조금도 지루하지 않았대. 이스마일이야말로 정말 못 말리는 독서광이지?

**포에니 전쟁**
# 로마군과 싸운 카르타고군은 고용된 외국 용병이었다?

기원전 264년부터 120년간 로마와 카르타고가 벌인 세 차례 전쟁이다.
전쟁 끝에 카르타고는 멸망하고 로마는 세력을 키웠다.

카르타고는 아프리카의 북쪽 바닷가에 자리 잡은 도시 국가야. 소아시아에서 세력을 떨쳤던 페니키아인들이 기원전 814년에 식민지로 세웠지.

카르타고는 기원전 264년부터 23년 동안 로마와 전쟁을 벌였는데, 이것을 제1차 포에니 전쟁이라고 해. 포에니는 라틴 말로 페니키아인을 뜻하지. 카르타고는 전쟁에서 져서 시칠리아, 사르디니아, 코르시카 등의 섬을 로마에게 빼앗겼으며 많은 돈을 주어야 했단다.

그런데 로마와 전쟁을 치른 카르타고 병사들이 어떤 사람들이었는지 아니? 카르타고 사람은 극히 일부이고, 대부분 외국 용병이었어. 용병이란 돈을 받기로 하고 외국 군대에 고용되어 싸우는 군인을 말하지. 그러니까 카르타고 병사들은 스페인, 누미디아, 갈리아, 리비아 등 외국의 여러 민족으로 이루어져 있었던 거야.

카르타고에서 외국 용병들로 군대를 구성할 수밖에 없었던 것은 나름의 이유가 있었어. 우선 군대에 보낼 성인 남자가 턱없이 부족한 데다, 카르타고는 당시 고대 세계에서 두 번째로 큰 상업 도시였거든. 성인 남자가 모두 장사꾼이었으니 그들이 전쟁에 나가 죽으면 나라 경제가 마비될 지경이었지. 더욱이 그동안 장사를 해서 모은 돈이 많으니, 아예 외국 용병들을 고용해 자기들 대신 전쟁을 치르게 한 거야.

카르타고는 기원전 218년 한니발 장군이 9만 명의 보병과 1만 2천 명의 기병, 그리고 37마리의 코끼리 부대를 이끌고 로마를 향해 진격함으로써 제2차 포에니 전쟁을 시작하지. 그런데 이때에도 군대의 대부분이 외국 용병들이었단다. 그중에서도 북아프리카에서 온 누미디아 기병들이 가장 뛰어나, 로마군에게 파죽지세로 공격을 퍼부어 승리를 거두지.

외국 용병들은 대체로 전투 기술은 우수하지만, 자기 나라와 영토를 지키려고 싸우는 게 아니기에 충성심이 부족하단다. 그래서 목숨을 걸고 싸우려 하지 않고 전세가 불리하면 달아나기 바쁘지. 게다가 돈을 받고 일하는 직업 군인이기 때문에 배신하는 경우도 종종 있었어. 돈에 팔려서 계약을 맺은 주인에게 총부리를 겨누는 거야. 특히 약속한 보수를 제때 받지 못할 때는 반란을 일으키기도 했어. 제1차 포에니 전쟁이 끝난 뒤 카르타고 정부는 용병들의 보수를 깎으려 하고 그 지급마저 미뤘어. 그러자 용병들은 곧바로 반란을 일으켰고, 카르타고 노예들과 손잡고 전쟁을 벌였단다. 이 전쟁은 3년을 끌다가 용병들의 패배로 끝났지.

고대 페르시아, 그리스·로마 때부터 시작된 용병 제도는 17세기 중반까지 크게 성행했어. 전쟁이 잦았던 서양에서는 각 나라마다 모자라는 병력을 용병으로 채웠고, 나중에는 전쟁을 용병들이 떠맡기에 이르렀지. 15~17세기에는 용병 대장이 왕과 계약을 맺고 대신 싸움을 해 주었던 거야. 그러나 용병은 18세기에 징병 제도에 의해 국민 군대가 생겨나면서 자취를 감추게 되었단다.

장사하느라 시간이 모자라, 용병들이 잘 싸우고 있겠지?

### 역사상 어느 나라 출신 용병이 가장 유명할까?

  프랑스 혁명이 일어났을 때의 일이야. 혁명군은 튀일리궁에 있는 루이 16세를 잡기 위해 궁을 공격해야만 했어. 그런데 궁을 지키는 병사는 700여 명의 스위스 용병이었지.

혁명군은 이들과 피를 흘리며 싸우고 싶지 않았어. 하지만 스위스 용병 대장은 프랑스 왕을 위해 고용된 만큼 끝까지 싸우겠다며 혁명군의 제의를 거절했지. 결국 700여 명 전원이 끝까지 싸우다 죽었어.

이 사실이 알려지자 세계 곳곳에서는 앞다퉈 궁전 수비를 스위스 용병에게 맡겼어. 오늘날 바티칸 교황청을 지키는 경비병도 스위스 사람들이야. 스위스 용병의 전통이 현대까지 이어져 내려온 거라고 볼 수 있겠지?

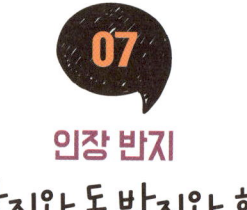

**인장 반지**

# 인장 반지와 독 반지와 한니발

인장 반지는 인장(도장) 기능을 지닌 반지로,
문서 계약을 할 때나 통치자의 권위를 나타내는 데 쓰였다.

인장 반지를 처음 사용한 것은 고대 이집트야. 이집트의 왕인 파라오가 권위의 상징으로 끼었는데, 장례 때 미라로 만들어진 왕의 심장부에 놓였지.

이 인장 반지는 고대 그리스를 거쳐 로마 시대에 와서 널리 사용되었어. 로마 초기인 왕정 시대에는 원로원 의원들이 인장 반지를 끼었고, 공화정 시대에는 외국으로 나가는 관리에게 나라에서 인장 반지를 수여했지.

카르타고의 한니발이 로마와 전쟁을 벌이던 당시에도 로마에서는 인장 반지가 유행하고 있었어. 기원전 218년 한니발이 로마로 쳐들어갔을 때, 그와 맞서 싸운 로마군의 우두머리는 집정관 마르켈루스였어. 한니발은 싸움터에서 마르켈루스가 끼고 있던 인장 반지를 전리품전쟁 때 적에게서 빼앗은 물품으로 얻었지.

한니발은 인장 반지를 이용해 가짜 편지를 만들어서 이웃 나라들에 보냈어. 로마와 동맹국들 사이에 교란 작전을 펼친 거야. 그러나 마르켈루스의 친구 크리스피누스가 눈치채고 이를 막아 한니발의 작전은 실패로 끝났지.

한니발도 반지를 끼고 있었는데, 독을 넣은 반지인 독 반지였어. 반지의 장식대에 홈을 만들어 그 속에 독을 넣어 둔 반지였지. 이런 반지는 왕이나 귀족들이 비상시에 스스로 목숨을 끊기 위해 끼고 다녔어. 한니발 역시 로마군에게 패한 뒤 붙잡힐 위기에 처하자, 반지 속의 독을 마시고 스스로 목숨을 끊었단다.

나라를 통일하고 더 큰 세상을 꿈꾼 고대

독 반지는 자살뿐 아니라 상대를 독살하는 데도 사용했어. 반지에 손톱처럼 날카로운 돌기를 만들어 그 안에 독을 집어넣었지. 그런 다음 상대와 악수를 하여 날카로운 돌기로 상대의 손에 상처를 내. 그러면 상처를 통해 독이 들어가 온몸에 퍼져 상대를 죽게 만드는 거야.

　또한 로마 시대에는 열쇠 반지도 널리 쓰였단다. 이 반지는 열쇠 기능도 갖고 있었어. 로마 사람들이 입는 옷인 토가에는 호주머니가 없었거든. 그래서 열쇠 반지가 생겨났다고 해. 로마에는 약혼 때 남자가 여자에게 반지를 주는 풍습이 있었는데, 주로 열쇠 반지를 주었대.

## 약혼반지는 신랑이 신부를 샀다는 증표

　로마 시대에는 여자는 10대 후반, 남자는 20세가 넘으면 결혼을 했어. 이때는 정식으로 계약서를 쓰고 인장을 찍어 문서로 남겼지.

　결혼하기 전에 약혼을 했는데, 신랑 측에서는 신부의 아버지에게 약혼반지를 건네주었어. 당시 결혼 풍습은 남자가 장가를 들 때, 신부의 집안에 재물을 치르고 신부를 데려가는 매매 결혼이었거든. 그래서 신랑 측에서는 약혼 때 신부를 돈으로 사들였다는 증표로 반지를 주었던 거야. 약혼 때 반지를 건네는 풍습은 로마 시대부터 시작하여 오늘날까지 이어져 내려왔단다.

## 점치기
# 고대 로마 사람들의 아주 특별한 점치기

점을 보는 것은 재미 삼아 앞날의 운수나 운의 좋고 나쁨을
미리 판단해 보는 것으로, 전 세계에 점을 보는 다양한 방법이 전해지고 있다.

기원전 249년, 로마가 카르타고와 전쟁을 벌일 때의 일이야.

로마의 최고 지도자인 집정관이 병사들을 이끌고 싸움터로 나가려 하자, 평민의 권익을 지키는 호민관이 그 앞을 가로막으며 말했어.

"싸움터에 그냥 가시면 어떡합니까? 이번 전투에 승리할 수 있는지 성스러운 닭으로 점을 쳐야지요."

집정관이 코웃음을 쳤어.

"그까짓 닭이 뭘 안다고……. 막강한 우리 로마 군단의 실력을 믿지 못하겠다는 거요?"

"싸움터로 나가기 전에 점을 치는 것은 오랜 관습 아닙니까? 그래도 따르셔야지요."

호민관이 강경하게 말하자, 집정관은 할 수 없이 '아우구르'라는 예언가

나라를 통일하고 더 큰 세상을 꿈꾼 고대 **39**

를 불러 성스러운 닭을 데려와 점을 치게 했지. 닭점은 성스러운 닭에게 모이를 던져 닭이 서둘러 쪼아 먹다가 바닥에 흘리면 길조라고 생각했어. 하지만 모이를 먹지 않으면 나쁜 징조라고 여겼지.

닭점을 쳐 보니 성스러운 닭이 전혀 모이를 먹지 않는 거야. 그래서 호민관이 집정관에게 말했어.

"아무래도 이번 전투는 승리하기 어려울 것 같습니다. 며칠 뒤로 출전을 미루도록 하시지요."

"닭이 모이를 먹지 않는다고? 그렇다면 물배나 실컷 채우게 해야지."

집정관은 성스러운 닭을 테베레강에 던지고는 싸움터로 나갔어. 그런데 그가 이끄는 로마 군단은 카르타고군에게 무참히 패하고 말았지.

로마 사람들은 대부분 미신을 비과학적이라고 비웃지 않고 철석같이 믿었단다. 그래서 무슨 일이 있으면 꼭 점을 쳐서 결정했어. 그리고 점을 쳐서 나온 점괘는 신의 뜻으로 받아들였지.

로마 사람들은 둘 가운데 하나를 택해야 할 때는 동전 던지기를 했어. 이는 카이사르가 로마를 다스릴 때부터 비롯된 풍습이었지. 동전에는 카이사르의 얼굴이 새겨져 있었는데, 동전을 던졌을 때 그의 얼굴이 새겨진 면이 나오면 긍정적인 답변으로 여겼어. 로마 시민이라면 누구나 카이사르를 존경했고, 그는 황제나 다름없는 권력을 누리고 있었기 때문에 그의 얼굴이 나온 것을 자신의 의사 결정에 대한 하늘의 뜻이라고 믿은 거야.

또한 무언가 선택할 일이 있을 때 재채기를 하면, 올바른 결정을 하게 될 거라고 생각했어. 로마에서는 한때 재채기를 한 사람이 남들에게 축하 인사를 받기도 했어. 건강한 사람이 재채기를 하면 앞으로 몹쓸 병에 걸리지 않고, 나쁜 귀신이 들어오지 않는다고 믿었거든. 하지만 재채기를 참으면 병에 걸린다고 여겼지.

로마 사람들은 침 뱉기도 중요하게 생각했어. 침에는 나쁜 귀신이나 액운을 쫓는 힘이 있다고 해서, 환자가 지나갈 때는 반드시 땅에 침을 뱉었지. "카악!" 해야 병을 옮기는 귀신이 놀라 달아난다고 일부러 큰 소리를 냈단다. 그렇지만 침 뱉기는 다른 나라 사람들에게는 불쾌한 느낌을 주기 때문에 나중에는 모욕적인 행위로 간주되었지.

## 13과 금요일이 겹치면 불행이 온다고?

 서양 사람들이 믿는 미신 가운데 가장 널리 알려진 것이, 13이라는 숫자와 13일의 금요일에 대한 공포란다. 미신은 과학적·합리적으로 근거가 없는 일이나 믿음을 말해. 어떻게 해서 이런 일이 생겼는지 북유럽 신화에는 다음과 같은 이야기가 전해지고 있어.

어느 날, 발할라 신전에서 잔치가 베풀어졌어. 초대받은 신은 모두 12명이었는데, 초대받지 않은 신인 로키가 불쑥 신전에 나타났어. 로키를 쫓아내려고 싸움을 벌여 사랑스러운 신 발드르가 죽고 말았지.

그 뒤부터 북유럽 사람들은 잔치에 13명을 초대하면 재앙을 당한다고 믿게 되었지. 이런 미신은 북유럽에 기독교가 들어오면서, 예수와 12제자가 가진 '최후의 만찬' 때문에 더욱 확고해졌어. 최후의 만찬에 13명이 참석했는데 가리옷 유다에 의해 예수가 십자가에 못 박혔잖아.

이런 이유로 '13'이라는 숫자는 사람들에게 공포감을 주었어. 특히 예수가 죽은 날이 13일의 금요일이라고 생각했기 때문에 이날에는 불행이 온다고 믿게 되었지.

## 로마 대화재
# 네로 황제가 로마에 불을 질렀다?

64년 로마에 대화재가 일어났다. 다닥다닥 붙은 도시 건축물들 때문에
작게 일어난 불이 쉽게 번졌으며 때마침 불어온 강풍으로 삽시간에 불바다가 되었다.

　네로는 서기 54년부터 68년까지 고대 로마를 다스렸던 황제야. 로마에는 수많은 황제들이 있었지만, 그 가운데 가장 악명 높은 황제는 네로였어. 그는 잔인하고 탐욕스럽고 음란하다 하여 오늘날까지 '폭군'으로 불리고 있단다.

　폭군 하면 누구나 네로 황제를 떠올리게 되는데, 많은 죄를 지었다고 알려졌기 때문이야. 그중에서도 용서받을 수 없는 죄로 꼽는 것은 다음 세 가지야. 네로는 어머니와 아내를 죽였고, 로마에 불을 질렀으며, 기독교인들을 붙잡아 무자비하게 죽였어.

　폴란드의 소설가 시엔키에비치의 장편 소설을 원작으로 삼아 만든 영화 〈쿼바디스〉에는 네로가 불타는 로마 시내를 내려다보며 악기를 연주하고 노래를 부르는 장면이 나와. 이것이 사실이라면 네로는 틀림없는 폭군이

고 미치광이라고 할 수 있겠지.

그런데 로마를 연구한 학자들에 따르면, 네로는 로마에 불을 지르지 않았다고 해. 역사학자 타키투스가 화재 이후 불과 몇 년 뒤에 쓴 책에 의하면, 불이 났을 때 네로는 로마에 있지 않았어. 로마에서 56킬로미터쯤 떨어진 안티움<sup>지금의 안치오</sup> 별장에 있었어. 그는 로마에 큰 화재가 났다는 소식을 듣고 밤새도록 말을 달려 로마로 돌아왔어. 그때는 이미 로마가 잿더미로 변한 뒤였어. 네로는 얼른 화재 수습에 나서 집 잃은 사람들을 위해 피난처를 제공하고 음식을 나누어 주었어. 그리고 로마 시민들에게 도시를 다시 세우겠다고 약속했지.

로마 시내에 불이 난 것은 64년 7월 18일 밤이었어. 막시무스 대경기장 아래 있는 가게 기름 창고에서 불이 시작되었지. 불은 바람을 타고 빠르게 번졌어. 좁은 골목에 빽빽하게 들어선 건물들을 모두 태우고 다른 지역으로 옮겨 갔지.

화재는 쉽게 진압되지 않았어. 로마에는 소방대원 7천 명으로 이루어진 소방대가 있었지만, 한 줄로 서서 테베레강 물을 양동이로 떠서 옮기는 방법으로는 불길을 잡을 수 없었어. 결국 불은 7일 밤낮을 타올라 로마를 잿더미로 만들었지. 이 화재로 로마 시내의 14개 지역 가운데 10개 지역이 피해를 입었으며, 수많은 사람들이 죽거나 다치고 20만 명 이상이 집을 잃었지.

　그 뒤 네로는 로마 시민들에게 말한 대로 폐허가 된 로마를 재건하는 일에 나섰어. 화재를 방지하기 위해 길을 넓히고 건물들 사이에 공간을 확보했으며, 건물의 높이를 제한했어. 건물을 지을 때 들보는 석재를 쓰고 공

동 주택에는 뜰에 물탱크를 설치하게 하는 등 규정도 정했지. 그래서 규정에 맞는 건물을 짓는 사람에게는 장려금을 주었단다.

네로는 도시 재건 사업과 함께 불에 타서 없어진 궁전을 다시 짓는 일에도 힘을 쏟았어. 팔라티노 언덕에 얼마나 크고 아름답게 지었는지 네로는 이 궁전을 '도무스 아우레아(황금 궁전)'라고 불렀어. 궁전은 벽을 황금과 보석으로 장식했으며, 연못·정원·호수·동물원을 두고 네로의 동상까지 세웠어.

네로가 어느 궁전과도 비교할 수 없는 화려한 궁전을 짓자 로마에는 이런 소문이 퍼졌어. 네로가 궁전을 새로 짓기 위해 일부러 로마에 불을 질렀다는 거야. 네로는 이런 소문을 잠재우려고 화재의 책임을 기독교인들에게 뒤집어씌웠어. 기독교인들이 로마에 불을 지른 거라고 하면서 그들을 잡아들였지. 기독교인들은 방화범이라는 누명을 쓴 채 원형 경기장인 막시무스 대경기장에서 처형당했어. 방화는 살인죄로 처벌하기 때문에 사형을 당했던 거야.

로마 역사상 가장 큰 화재였던 로마 대화재는 런던 대화재·도쿄 대화재와 함께 세계 3대 화재로 알려져 있어.

### 대화재 덕분에 고층 빌딩 숲으로 변한 곳이 있다고?

　미국의 유명한 대도시 가운데 하나인 시카고는 1830년대 이후 미국 서부와 동부를 잇는 교통 중심지로 놀라운 발전을 거듭하고 있었어. 그런데 1871년 10월 8일 밤 9시쯤 시카고 뒷골목에서 원인을 알 수 없는 불이 났어. 시카고는 본래 바람이 잦은 도시라 불은 강한 바람을 타고 걷잡을 수 없이 번졌어. 10킬로미터에 이르는 시가지 전체를 휩쓸었지. 그런 데다 190킬로미터에 이르는 보행로가 돌이 아닌 나무로 깔려 있었어. 불은 더욱 쉽게 퍼져 갔지.

　불은 다음 날까지 31시간 동안 도시를 휩쓸었어. 이 화재로 건물 8만여 채가 불타고 10만여 명의 이재민이 발생했어. 사망한 사람도 300명이나 되었어.

　큰 화재로 시카고는 하루아침에 폐허가 되었지만 곧 재건 작업이 진행되었어. 한 달 만에 주택 5천 채가 지어지는 등 빠르게 복구되어, 시카고는 화재 10년 만에 고층 빌딩 숲으로 바뀌었단다.

**복권**

## 로마의 네로 황제 때 복권 상품은 귀뚜라미 열 마리?

복권은 번호를 쓰거나 특정 표시를 해 놓은 표를 팔아 뽑게 하여, 당첨된 표에 대해 해당하는 상금을 준다. 복권을 발행한 기관에서는 복권 기금을 모아 사업 자금으로 활용한다.

미국 대통령을 지낸 토머스 제퍼슨은 말년에 몹시 어렵게 살았어. 남들에게 빌려 쓴 빚만 해도 8만 달러에 이르렀지. 친구들이 보다 못해 한자리에 모여 대책을 의논했어.

"우리 힘으로는 도저히 제퍼슨의 빚을 다 갚아 줄 수가 없어. 몇천 달러도 아니고 8만 달러나 되니……."

"이렇게 하는 게 어떨까? 토머스 제퍼슨의 이름으로 복권을 발행하는 거야. 그러면 그 정도 빚은 거뜬히 갚을 수 있을걸?"

"거참 기막힌 방법이네."

친구들은 곧바로 '토머스 제퍼슨 복권'을 찍어 내어 팔았어. 그래서 거기서 얻은 수입으로 빚을 모두 갚아서 토머스 제퍼슨은 경제적인 어려움에서 벗어날 수 있었다고 해.

복권은 번호를 쓰거나 특정 표시를 해 놓은 표를 팔아 뽑게 하여, 당첨된 표에 대해 해당하는 상금을 주는 것을 말하지. 공공 기관 등에서 사업 자금을 마련하기 위해 복권을 발행하여 널리 팔고 있단다. 실제로 러시아에서는 제2차 세계 대전 중에 전쟁 비용을 마련하기 위해, 미국에서는 독립을 이룬 뒤인 19세기 초에 병원, 도서관, 교도소, 고아원 등을 지으려고 복권을 발행했지.

복권은 언제부터 시작되었을까? 그 기원을 알려 주는 다음과 같은 이야기가 고대 로마에 전해 내려오고 있단다.

5천 명의 노예를 거느린 총독이 있었어. 그는 노예들에게 일할 의욕을 주면서 자신의 호주머니를 채울 방법이 없을까 하고 생각을 거듭했어. 그러다가 기막힌 아이디어를 얻었지.

'노예들에게 빵을 하루에 다섯 개씩 주잖아. 이것을 앞으로는 하루에 네 개씩만 주는 거야. 그 대신 남는 빵 5천 개 가운데 2천 500개를, 추첨을 하여 한 사람한테 몰아주는 거지. 나머지 2천 500개는 내가 갖고 말이야.'

총독이 노예들을 모아 놓고 자신의 생각을 밝히자, 노예들은 모두 찬성했어. 비록 하루에 빵 한 개가 줄어들기는 하지만, 빵 2천 500개를 한꺼번에 차지하는 행운을 잡을 수도 있으니 말이야.

그 뒤부터 노예들은 날마다 추첨을 기다리며 희망차게 보냈다고 해. 물론 그 전보다 더욱 열심히 일을 했지.

이것이 복권의 시초라 할 수 있는데, 실제로 복권을 발행한 것은 황제들이 다스리던 로마의 제정 시대부터란다. 초대 황제인 아우구스투스는 연회에서 복권을 팔아 그 자리에서 추첨을 했어. 그리고 당첨된 손님들에게 땅, 집, 노예, 배 등을 상품으로 나누어 주었지.

　이것은 로마 황제들의 일반적인 행사가 되었는데, 제5대 황제 네로는 별난 성격이어서 상품도 별난 것을 준비했단다. 이를테면 낙타 열 마리와 귀뚜라미 열 마리, 황금 열 덩어리와 달걀 열 개 하는 식으로 말이야. 그래서 서로 다른 상품을 받고 기뻐하거나 어이없어하는 사람들의 얼굴을 나란히 보면서 혼자 즐겼다는구나.

## 로또 복권의 시작

이탈리아 피렌체의 제노바 공화국에서는 제비뽑기를 하여 정치인 90명 가운데 다섯 명을 상원 의원으로 뽑았어. 이것을 '로또'라고 하는데, 제비뽑기·추첨·운명·상품·경품 등을 뜻하지.

1530년에는 이런 방법에서 힌트를 얻어 피렌체에서 세계 최초로 '로또 복권'이 나왔어. 90개의 숫자 가운데 다섯 개의 숫자를 추첨하는 것이었지.

## 식사 문화
# 고대 로마는 대식가의 낙원?

고대 로마에서는 맛있는 음식을 먹는 '미식'과 많이 먹는 '대식'이 미덕이었다. 또한 가족끼리 식사는 한 시간 안에 마쳤지만 손님을 초대하면 식사는 한없이 길어졌다.

서기 235년에 로마 황제가 된 막시미누스는 특이한 인물이었어. 낮은 신분의 사람들이 모여 사는 트라키아 출신인 데다, 로마군 사병에서 출발해 황제의 자리까지 올랐거든.

막시미누스는 키가 2미터 60센티미터였고 천하장사였다고 해. 짐을 잔뜩 실은 마차 여러 대를 혼자서 끌 뿐만 아니라, 주먹을 한번 날리면 말의 이빨이 뽑힐 정도였다나.

게다가 막시미누스는 얼마나 음식을 많이 먹는지 별명이 '대식한 음식을 많이 먹는 사나이'이었어. 앉은자리에서 26리터의 술을 마시고 18킬로그램의 고기를 먹어 치울 정도였지.

막시미누스는 군대 안에서 대식가로 엄청난 인기를 누려, 이집트의 제2트라이아나 군단 사령관과 페르시아 전쟁 중 메소포타미아 총독을 거쳐

라인강 주둔 로마군 최고 사령관이 되었고, 마침내 군인들의 추대로 로마 황제가 되었던 거야.

고대 로마에서는 맛있는 음식을 먹는 '미식'과 많이 먹는 '대식'이 미덕이었어. 로마 귀족들은 음식에 대한 관심이 높아서, 상다리가 휘어지도록 산해진미를 차려 놓고 게걸스럽게 음식을 먹어 댔지.

로마 사람들은 진귀한 음식을 좋아하여 낙타의 발뒤꿈치, 앵무새의 머리, 공작의 뇌, 코끼리의 코, 꾀꼬리의 간, 새의 혀로 만든 요리가 로마 말기에 큰 인기를 끌었다고 해. 새의 혀로 만든 요리의 경우, 한 접시를 마련하려면 새 수백 마리를 잡아야 했지.

로마 귀족들은 아침과 점심은 빵과 포도주, 채소, 과일 등으로 간단히 먹었어. 하지만 '체나'라고 하는 저녁 식사는 아주 중요하게 여겨 송아지 고기, 돼지고기, 생선, 야채수프 등을 배부르게 먹었지. 보통 목욕을 마치는 오후 3~4시쯤 식사를 하는데, 가족끼리 모였을 때는 한 시간 안에 식사를 마쳤어.

그러나 손님을 초대했을 때는 식사 시간이 한없이 길어졌어. 전식, 중식, 후식으로 나누어 수많은 음식이 쉴 새 없이 나왔는데, 손님들은 배부르면 깃털로 목구멍을 간질여 토하고 음식을 손으로 또 집어 먹었지. 초대받은 손님들은 식사 도중 토하는 것이 주인에 대한 예의였다고 해. 대접을 잘 받았다는 표시였으니 말이야.

로마 사람들은 세 사람씩 식사용 소파에 누워서 식사를 했어. 그 앞에는 음식을 차린 둥근 탁자가 놓였고, 노예들이 서서 시중을 들었지. 노예들은 음식을 나르거나 토할 손님을 위해 깃털을 챙겨 주었으며, 손으로 음식을 먹은 손님의 손을 물로 씻어 주었어.

　식사를 마치면 '코미사티오'라고 하여 술자리가 밤늦게까지 계속되었어. 주로 포도주에 물을 타서 마셨는데, 술을 마시기 전에 주사위를 던져 '주왕'을 뽑았어. 그러면 주왕은 물과 포도주를 어떤 비율로 섞을지 결정하여, 큰 그릇에 물과 포도주를 넣고 섞었지. 포도주 원액을 그대로 마시면 알코올 중독자 취급을 받을 뿐더러, 너무 독해 술자리를 오래 할 수 없었거든.

### 식사 도중 방귀를 뀌는 건 예의에 어긋난다고?

 르네상스 시대의 유명한 작가이자 철학자인 에라스무스는 1530년 『어린이들의 예의범절』이라는 책을 펴냈어. 이 책에서 그는 식사 예절을 설명하며 이렇게 충고했지. "식사 도중에 방귀가 나오려 하면 배를 압박하여 꾹 참아라. 그래도 방귀를 참을 수 없으면 일부러 기침 소리를 크게 내어 방귀 소리를 감추어라." 또 이런 조언도 했어. "식사 중에 의자를 좌우로 흔들지 말라. 그러면 남들에게, 계속 방귀를 뀌고 있거나 방귀를 뀌려는 듯한 인상을 준다."

그런가 하면 로마의 황제 클라우디우스 황제는 식사 도중에 방귀를 뀌어도 괜찮다는 칙령을 발표하려 했지만 신하들이 반대했다고 해.

## 12 결혼
# 신부를 납치해 결혼식을 올린 북유럽 게르만족

고대 북유럽 게르만 사회에서 결혼은 돈을 주고 여성을 사 오거나
다른 마을의 여자를 납치해 오는 약탈혼이었다.

신혼기, 밀월, 신혼여행을 뜻하는 '허니문'이라는 말이 있지? '허니(꿀)'와 '문(달)'이 합쳐진 말인데, 그대로 풀어 보면 '꿀처럼 달콤한 달'이야. 신랑 신부가 결혼하여 맞이하는 신혼의 첫 달을 뜻하지.

이 허니문은 북유럽 게르만족의 결혼 풍습에서 비롯된 말이란다. 고대 북유럽에서는 신랑 신부가 결혼하면 첫 달에 '미르'라는 술을 날마다 마셨어. 꿀을 덜어 낸 벌집을 물에 끓인 뒤 발효시킨 술인데, 이 벌꿀술을 한 달 동안 마셨다고 하여 '허니문'이라는 말이 생겨난 거야.

그런데 고대 북유럽에서는 '약

탈혼'이라고 하여 다른 마을의 여자를 납치해 결혼식을 올렸어. 재산이 있는 사람들은 처녀를 돈 주고 사 와서 결혼식을 올렸지만, 그렇지 못한 사람들은 약탈혼을 통해 신부를 얻었단다.

신랑 될 사람은 신부를 납치하러 떠날 때 친구들의 도움을 청했어. 이들을 '베스트 맨'이라고 하는데, 신랑 될 사람과 동행하여 다른 마을에서 신부를 납치해 오는 것을 도왔지.

베스트 맨은 결혼식이 진행되는 동안 무기를 든 채 신랑 주위를 지켰어. 신부의 가족들이 납치당한 신부를 찾으러 들이닥칠지도 모르니까. 오늘날 결혼식에서 신랑의 들러리를 세우는 것은 이 풍습에서 비롯된 거란다. 결혼식 때 신랑의 왼쪽에 신부를 세우는 것도 다 이유가 있어. 신부의 가족들이 무장을 한 채 기습해 올 경우에, 왼손으로는 신부를 붙잡고 오른손으로는 칼을 휘두르기 위해서야.

이렇게 해서 결혼식을 마치면 신랑은 신부를 아무도 모르는 곳에 데려

가 한 달 동안 숨어 살았어. 미르라는 벌꿀술을 날마다 마시며 허니문을 보내는 거지.

한 달쯤 지나면 신부의 가족들도 신부 찾는 것을 포기하게 되지. 그러면 신랑은 신부를 자기 집으로 데려와 본격적으로 결혼 생활을 시작했단다.

### 남자가 결혼을 약속한 뒤 미루면 혼내 준다고?

독일 엠스강 어귀에는 보르쿰섬이 있어. 이 섬에는 오랜 옛날에 결혼을 미루는 남자를 혼내 주는 풍습이 있었단다.

남자가 여자와 결혼을 약속해 놓고 이를 지키지 않으면 마을 청년들이 발 벗고 나섰어. 이들은 결혼을 미루는 남자의 집을 포위한 뒤 굴뚝을 막아 놓았지. 그러면 집 안에 있던 남자는 연기에 질식해 힘들어하겠지. 그때 청년들이 집 안으로 들어가 남자한테 약혼을 했냐고 물어. 약혼을 했다고 대답하면 마을에서는 곧 결혼 잔치를 벌이고, 약혼을 하지 않았다고 말하면 약혼을 했다고 대답할 때까지 더 심하게 골탕을 먹였단다.

### 13 화장
# 립스틱을 바르면 지옥에 간다?

고대 로마에서는 얼굴을 하얗게 만드는 화장이 유행했다. 하지만 기독교가 유럽을 지배한 때에는 화장을 하느님에 대한 반항으로 여겼다.

성경을 라틴어로 번역한 히에로니무스는 학문이 깊기로 이름난 로마의 성직자였어. 그는 여자들이 화장하는 것을 아주 못마땅하게 여겼지.

"하느님이 만든 얼굴을 왜 화장을 하여 마음대로 바꾸려 하는가? 그것은 하느님에게 반항하는 짓이다. 화장하는 여자는 악마의 화신이다."

히에로니무스는 당시의 다른 성직자들과 함께 이런 주장을 하면서 '심판의 날'에 대한 경고도 잊지 않았어.

"화장하는 여자들이여, 심판의 날이 두렵지 않은가? 입술을 빨갛게 칠한 여자가 하느님 앞에 서면 이런 일이 벌어질 것이다. 하느님은 그 여자가 누군지 알아보지 못해 무조건 지옥으로 보내 버릴 것이다."

당시는 기독교가 유럽을 지배하던 때였어. 화장하여 얼굴을 꾸미는 것도 하느님에 대한 반항으로 몰아세웠으니, 여자들은 화장을 마음대로 할 수

나라를 통일하고 더 큰 세상을 꿈꾼 고대

없었지.

그러나 그 이전까지만 해도 여자들은 물론 남자들까지 진한 화장을 했어. 특히 피부를 하얗게 하는 것이 유행하여 얼굴에는 그릇을 만드는 가루인 연백과 희고 고운 흙인 백악을 칠했지. 그리고 하얀 얼굴을 돋보이게 하려고 붉은 입술연지를 칠했어.

당시에 로마의 귀족 여자들은 화장과 머리 손질을 맡은 노예들을 거느리고 있었어. 그래서 날마다 얼굴에 화장품을 바르고 입술연지를 칠했는데, 화장이 마음에 들지 않으면 노예들을 채찍으로 때려 분풀이를 했다는구나.

그리스 사람들은 화장에 별로 관심이 없었으나, 이집트 사람들은 화장을 몹시 좋아했어. 초록색 돌가루로 눈가에 테를 그리는 눈 화장에 볼 화장과 입술 화장, 손톱·손바닥·발바닥 화장까지 했단다.

유럽에서는 중세의 암흑시대<sub>제도와 교회로 인해 학문과 예술이 쇠퇴한 중세를 이르는 말</sub>를 거쳐 18세기에 와서야 다시 모든 사람들이 화장을 하게 되었어. 19세기 말에 이르러서는 다양한 화장품이 나오고 화장술도 점점 발달했지.

### 별나게 만든 별난 화장품

옛날에는 화장품 공장이 따로 없어 화장품을 집에서 만들어 썼어. 그 제조법은 입에서 입으로 전해졌는데, 특이하게 만들어진 화장품이 적지 않았지.

고대 그리스에서는 독한 포도주와 빨간 물감을 혼합하여 립스틱을 만들었어. 때로는 악어 똥, 염소 땀, 사람 침을 섞기도 했어.

중세에는 피부에 좋다는 갖가지 희한한 화장품이 만들어졌어. 사람 오줌, 늑대 피, 돼지 뇌, 악어 내장 등을 섞은 화장품이 있는가 하면, 우유에 살무사 한 마리를 으깨 넣고 황산염을 보태어 증류시킨 화장품이 있었어. 이 화장품은 주근깨를 없애는 데 효과가 있다나. 하얀 피부로 바꿔 주는 화장품도 있었는데, 남자 아기를 둔 엄마의 젖에 제비 한 마리를 통째로 넣고 증류시켜 만들었다고 해.

 시끌벅적 사건으로 배우는 어린이 세계사 1

다양하면서도 강력한 문화가 지배한

# 중세

로마가 해체된 후 서유럽 곳곳에 다양한 국가가 발전했으며,
왕의 권한이 약해지고 지방 영주들을 중심으로 봉건제가 발달했단다.
봉건제란 기사가 영주에게 충성을 맹세하고
영주는 그것에 대해 땅을 주며 보상하는 제도를 말해.
또한 기독교가 유럽 사람들의 정신적 바탕을 이루었고,
막강해진 교회는 십자군 전쟁을 일으키지.
200년 동안 이어진 십자군 전쟁은 비록 실패했지만,
이로 인해 세계 무역이 활발해지게 되었단다.

## 중국에서는 연에 사람을 태워 날렸다?

바람을 이용해 하늘에 띄우는 놀이 기구인 연은 맨 처음에는 주로 군사적 용도로 사용했다. 그 뒤 여러 나라에서 종교, 과학, 산업 등 다양한 방면에 활용했다.

마르코 폴로는 13세기에 중국을 여행했던 이탈리아 사람이야. 그의 여행기 『동방견문록』에는 다음과 같은 내용이 실려 있어.

중국에서는 선원들이 바다로 나가기 전에 큰 연에 사람을 싣고 날려서 안전한 항해가 될지를 점쳤다고 해. 버들가지를 격자로 엮어 만든 운반구를 끈으로 연결한 뒤, 바보나 술꾼을 운반구에 묶어 공중으로 띄웠어. 바람이 몹시 부는 날, 이 큰 연이 높이 올라가 보이지 않으면 안전한 항해가 될 거라고 믿었대. 그러나 연이 잘 올라가지 않으면 풍랑을 만날 거라고 생각해서 아무도 그 배를 타려고 하지 않았어.

연에 사람을 태워 날린 이야기는 초나라 항우와 한나라 유방의 마지막 싸움에서도 찾아볼 수 있어.

항우의 병사들은 서주 남쪽 해하에서 유방의 10만 대군에 포위되어 있

었어. 그들은 죽을힘을 다해 유방의 병사들과 맞서 싸웠지.

그때 한나라의 장수 한신은 초나라 병사들의 사기를 꺾기 위해 전략을 짰어. 소가죽으로 큰 연을 만든 뒤, 그 연에 바구니를 매달았어. 그러고는 바구니에 몸이 가볍고 피리를 잘 부는 장량을 태워 초나라 진영의 하늘 위에 띄웠지. 장량은 초나라 음악을 피리로 연주했어. 그러자 초나라 병사들은 싸울 힘을 잃고 향수에 젖어 고향으로 발길을 돌렸단다.

중국에서 처음 만들어진 연은 춘추 전국 시대의 나무 연이라고 해. 묵자는 3년 동안 연구를 거듭한 끝에 나무 연을 만들었어. 그 뒤에 노나라 사람인 노반이 묵자의 나무 연을 바탕으로 대나무를 이용해 까치연을 만들었다고 해.

그런데 두 사람 사이에는 이런 이야기도 전해지고 있어. 묵자와 노반은 연을 좋아하여 친구가 되었는데, 어느 날 노반이 묵자에게 이렇게 말했어.

"하늘을 나는 나무 연을 만들었어."

"정말? 어디 한번 날려 봐."

노반은 묵자가 지켜보는 가운데 나무 연을 공중에 띄웠어.

"멋지다! 이왕이면 나무로 새를 만들어 띄우면 더 좋을 텐데."

"그럴까? 우리 같이 만들어 보자."

노반과 묵자는 머리를 맞대고 앉아 대나무로 큰 새 모양의 연을 만들었어. 그러고는 그 연을 하늘에 띄웠지. 그런데 연은 사흘이 지나도록 하늘에서 내려오지 않았다는구나.

중국에서는 오랜 옛날부터 연날리기 풍습이 전해 내려왔단다. 오늘날에도 매년 9월 9일이 되면 도시든 농촌이든 어디서나 연을 날리지. 이런 풍습이 어떻게 해서 생겨났는지 아니?

지금부터 수백 년 전, 연을 좋아하는 남자가 하루는 꿈을 꾸었어. 좋지 않은 꿈이었지. 재앙이 자기 집에 닥치는 꿈이었거든.

남자는 재앙을 피하려고 아침에 일어나자마자 식구들을 데리고 산으로 올라갔어. 심심했던 그는 식구들과 온종일 산꼭대기에서 연날리기를 했지.

저녁때 집으로 돌아온 남자는 소스라치게 놀랐어. 자기 집이 무너져 가축이 돌 더미에 깔려 죽어 있는 거야. 집에 있었더라면 온 가족이 꼼짝없이 죽을 뻔했지. 그날이 바로 9월 9일이었어.

남자는 매년 9월 9일이 되면 재앙을 피해 목숨을 건진 일을 축하하며 연날리기를 했단다. 이 일은 얼마 안 되어 온 중국에 퍼져 누구나 연날리기 놀이를 하게 되었지.

지금도 중국에는 연날리기를 즐기는 사람들이 많아서 어디서나 연 날리는 모습을 볼 수 있단다.

### 신라 김유신 장군이 우리나라에서 최초로 연을 날렸다?

우리나라에서는 연에 관해 가장 오래된 기록이 『삼국사기』에 나온단다. 신라 진덕여왕 1년인 647년, 대신 비담과 염종은 "여왕은 나라를 잘 다스릴 수 없다."고 하면서 반란을 일으켰어. 이때 김유신이 군대를 이끌고 반란군과 싸웠지만 10여 일이 지나도 좀처럼 승부가 나지 않았지.

그즈음 하늘에서 큰 별똥별이 떨어졌는데, 비담과 염종은 이를 보고 "여왕이 망할 징조다."라는 소문을 퍼뜨렸어. 그때 김유신은 큰 연을 만들어 불을 붙인 뒤, 하늘로 높이 띄웠어. 그러고는 이런 소문을 퍼뜨렸지.

"별이 하늘로 다시 올라갔으니 여왕이 흥할 징조다."

이 일로 김유신의 군대는 사기가 올라갔고, 반란군은 사기가 떨어졌어. 결국 김유신은 연을 날린 덕분에 반란군을 물리칠 수 있었단다.

### 닭싸움
## 당나라 현종이 싸움닭 수천 마리를 기르다

닭싸움은 훈련시킨 닭을 싸우게 하여 승부를 겨루는 놀이로,
오랜 옛날부터 세계 여러 나라에서 즐겼다.

닭싸움은 특별히 훈련시킨 닭들을 싸움 붙이는 놀이야. 사람들은 이것을 보고 즐기거나 두 패로 나누어 내기를 걸지.

닭싸움은 아주 오랜 옛날부터 세계 여러 나라에서 즐겼어. 기원전 2500년쯤인 인도의 모헨조다로 유적에서 발굴된 도장에는 닭들이 싸우는 모습이 나타나 있어. 고대 인도에서 닭싸움이 유행했음을 알 수 있지.

그 후 인도의 닭싸움은 페르시아로 전해졌고, 나중에는 고대 그리스·로마를 비롯하여 유럽의 여러 나라로 퍼졌어.

고대 로마에 닭싸움이 전해진 것은 기원전 1세기쯤이야. 로마 사람들은 그리스 사람들이 좋아했던 닭싸움을 야만적인 놀이라고 하면서 경멸했다고 해. 그런데 세월이 흐른 뒤에는 걷잡을 수 없이 닭싸움에 빠져들었어. 많은 사람들이 닭싸움 경기장으로 몰려들어 내기를 걸었는데, 전 재산을 날리는 경우가 흔했지.

　중세 유럽에서 닭싸움을 가장 즐긴 나라는 영국이야. 16세기에 영국의 국왕 헨리 8세는 닭싸움을 좋아하여 왕실 전용 경기장을 두고 즐겼다고 해. 영국에서 닭싸움은 왕족이나 귀족뿐 아니라 서민들까지 좋아했다는구나. 나중에는 도박으로 피해가 심해서 1849년에 닭싸움을 금하게 되었지.

　닭싸움은 중국을 비롯하여 동남아시아 여러 나라에서도 성행했어. 특히 8세기쯤에는 당나라 현종이 닭싸움을 무척 좋아했지. 그는 황제가 되기 전부터 닭싸움을 즐겼는데, 황제의 자리에 오르자마자 황궁 좌우에 커다란 닭장을 지었어. 그리고 중국에서 내로라하는 수컷 싸움닭 수천 마리를 모아들여 기르기 시작했지.

이 싸움닭들을 돌보는 것은 소년 500명이었어. 이들은 우두머리인 13세 소년 '가창'의 지휘를 받으며 싸움닭들을 기르고 훈련시켰지.

가창은 일곱 살에 뽑혔는데, 닭에 관한 한 모르는 것이 없었어. 보지 않아도 울음소리만으로 어떤 종류의 닭인지 알았고, 닭이 병들면 무슨 병이든 척척 고쳤어. 사람들은 그 재주에 탄복하여 가창을 닭에 관한 재주와 지식이 뛰어나다는 뜻을 담아 '신계동(닭에 관해 신의 경지에 오른 아이)'이라고 불렀단다.

가창 때문에 당나라 장안에는 이런 노래까지 유행했지.

남자로 태어났다고 글만 배울 일이 아니네.
닭싸움도 말타기나 독서 못지않네.
가씨 집안의 13세 소년
대를 이어 부귀영화를 누리네.

사람들이 부러워하여 이런 노래를 지어 부를 만했어. 가씨 집안은 가창 덕분에 재물이 쏟아져 들어왔고 아버지도 벼슬을 얻었거든.

당나라 현종은 태산에 제사를 올리러 갈 때 반드시 수천 마리의 싸움닭과 소년 300명을 데리고 갔어. 비단옷을 입고 금빛 모자를 쓴 가창이 맨 앞에 서서 무리를 이끌었는데 그 행진은 아주 볼 만했지.

나라의 경사스러운 날에는 현종 황제와 신하들이 구경하는 가운데 닭싸움 경기장에서 닭싸움을 벌였어. 악대의 연주에 맞춰 싸움닭을 거느리고 나타난 가창은, 싸움닭들을 싸움터에 몰아넣고 혈투를 벌이게 했지. 닭싸움이 끝나고 최후의 승자가 결정되면, 가창은 그 싸움닭을 앞세우고 경기장을 떠나 닭장으로 향했단다.

당나라 현종 때에는 관리들뿐 아니라 백성들까지 닭싸움에 열중했어. 그래서 전 재산을 날려 빈털터리가 된 사람들이 적지 않았다는구나.

### 우리나라에서도 닭싸움을 즐겼을까?

우리나라에서는 1945년 8월 15일 광복 전까지 닭싸움이 전국적으로 열려 많은 사람들이 보고 즐겼어. 닭싸움은 닭이 털갈이를 끝내는 봄부터 시작하여 가을까지 이어졌지. 장터나 넓은 마당에 싸움터를 마련해서 닭들을 싸움 붙였어.

여기 나오는 닭들은 보통 닭이 아니라 인도산 '샤모', 일본산 '한두', 그리고 한두와 토종닭 사이에서 태어난 '우두리' 등의 수탉이었어. 이 닭들은 싸움에 대비하여 훈련을 시켰고 미꾸라지, 뱀, 달걀처럼 고기 위주의 먹이를 주었어.

둥근 우리 모양으로 만든 지름 4미터, 높이 40센티미터의 공간이 싸움터였어. 닭들은 이 안에서 맞붙어 싸웠는데, 부리로 물어뜯고 발톱으로 할퀴었지. 싸우는 도중에 주저앉거나 부리가 땅에 닿으면 진 것으로 인정했어. 만약 한 시간을 싸워도 승부가 나지 않으면 몸무게가 가벼운 쪽이 이긴 것으로 했어. 30분 싸우고 5분 쉬었는데 이때 닭에게 물을 먹였지.

## 향수
# 72세 여왕이 향수 덕분에 프러포즈를 받다

향수 제조 기술은 고대부터 잘 알려져 있었다. 처음에는 종교 의식에서 몸을 청결히 하는 용도로 사용했고, 중세에는 귀족층에서 나쁜 냄새를 감추기 위해 애용했다.

'헝가리 워터'는 로즈마리 꽃을 알코올에 용해시켜 만든 향수야. 오늘날처럼 알코올을 이용한 최초의 향수이기 때문에 '향수의 원조'라 불리고 있지.

이 헝가리 워터는 1370년 헝가리의 에르제베트 여왕이 이탈리아에서 온 어느 지혜로운 현자<sub>어질고 총명한 사람</sub>의 도움을 받아 만들었다는구나. 그런데 이 향수가 얼마나 달콤하고 황홀했는지 놀라운 일이 벌어졌어. 에르제베트 여왕은 72세의 노인이었는데, 자기보다 훨씬 젊은 폴란드 왕으로부터 프러포즈를 받은 거야. 폴란드 왕이 그 향기에 취해 에르제베트 여왕을 몹시 좋아하게 된 거란다.

그런데 다른 이야기도 전해지고 있어. 에르제베트 여왕이 폴란드 왕을 보고 첫눈에 반했다는 거야. 그래서 폴란드 왕과 결혼하려고 그를 유혹하는 신비로운 향수를 만들었다는 거지.

　향기에 열광한 여왕이라면 고대 이집트의 클레오파트라를 빼놓을 수 없지. 클레오파트라는 몸의 각 부위마다 다른 향을 발랐어. 두 손에는 장미, 몰약, 사프란, 유향에서 얻은 '카피'라는 향유, 두 다리에는 아몬드 기름, 계수나무 껍질, 벌꿀, 오렌지 꽃을 혼합해 만든 로션을 발랐지. 또한 혀 밑에는 정향을 넣었는데, 이것은 뿌리까지 향이 퍼진다고 해서 '뿌리향'이라 불리었지. 클레오파트라는 입 냄새를 감추려고 이 향을 쓴 거야. 그런데 이름 그대로 향기가 얼마나 진한지, 클레오파트라가 입을 열어 말하면 상대방은 그 향기에 취해 쓰러질 지경이었단다.

그리고 클레오파트라가 밤에 목욕할 때 물에 녹여 쓴 향료가 있는데 이것이 바로 사프란이야. 낮에는 이 향료로 수프를 만들어 먹었지. 이 향료는 매우 귀해서 꽃봉오리 5만 개에서 100그램밖에 뽑아내지 못한다는구나.

나폴레옹의 부인이었던 조제핀 황후도 향기를 좋아했어. 그녀는 특히 장미 향을 매우 좋아하여 온종일 이 향기 속에 파묻혀 살았지. 다른 나라 외교관들은 그녀의 환심을 사려고 열심히 장미를 사서 바쳤다는구나.

### 네로 황제는 장미수를 좋아했다고?

장미수는 고대 이집트에서 오랫동안 써 온 고급 향수였어. 장미꽃을 빻은 뒤 이것을 물에 희석시켜 얻은 것이었지. 장미수는 고대 그리스와 로마에 전해져 큰 인기를 끌었어. 그리스 사람들은 화장에는 관심이 없었지만 향수는 몹시 좋아해서, 장미수를 몸이나 옷에 묻히고 다녔어. 경제력이 없는 젊은이들이 너도나도 향수를 쓰다가 빚더미에 앉기도 했지. 로마 사람들도 장미수를 좋아했는데, 특히 젊은 병사들은 싸움터에 나갈 때 반드시 장미수를 몸에 뿌렸대.

로마의 네로 황제도 장미수에 푹 빠져서, 연회를 베풀 때는 꼭 손님들에게 장미수를 뿌렸어. 연회장 천장에 파이프를 달아 하객들의 머리 위로 향수 세례를 퍼부었대. 이렇게 하룻밤 연회에 장미수 값으로 쓴 돈이 24억 원 정도 된다니 굉장하지?

## 예언
## 르네상스 시대 최고의 예언가는?

앞으로 다가올 일을 미리 헤아려 말해 주는 사람을 예언가라 하고, 그의 메시지를 예언이라 한다. 대개 터무니없는 내용이지만 간혹 잘 들어맞아서 세상을 놀라게 했다.

르네상스 시대에 뛰어난 예언 능력으로 세상을 깜짝 놀라게 한 예언가는 세 사람이 있어. 영국의 로버트 닉슨과 마더 십턴, 그리고 프랑스의 노스트라다무스야.

로버트 닉슨은 아무도 눈여겨보지 않는 평범한 농부였어. 이따금 밭을 갈다가 과장된 몸짓으로 알 수 없는 말을 지껄이는 버릇이 있었지. 그의 말을 귀담아듣는 사람은 거의 없었어. 모두들 그를 미친 사람이라고 여겼지.

1485년 어느 날, 닉슨은 밭을 갈고 있었어. 그런데 갑자기 쟁기를 멈추더니 하늘을 향해 두 팔을 벌리며 이렇게 소리치는 거야.

"오, 딕! 불행한 일을 당했구나. 오, 해리! 행운을 잡았구나. 드디어 해리가 최후의 승자가 되었어."

밭에 있던 사람들은 닉슨의 말을 전혀 알아듣지 못했어. 하지만 이튿날이 되어서야 그 뜻이 무엇인지 알 수 있었지.

딕은 영국의 왕 리처드 3세의 애칭이고, 해리는 헨리 7세의 애칭이야. 닉슨이 소리쳤을 때 리처드 3세가 전쟁터에서 죽고, 그 뒤를 이어 헨리 7세가 왕이 되었던 거란다. 닉슨은 이런 예언으로 예언가로서 큰 명성을 얻었어.

그 뒤 영국 왕은 닉슨에 대한 소문을 듣고 그를 궁전으로 불러들이라고 명령했어. 하지만 닉슨은 궁전에서 사람이 오기도 전에 자신이 왕에게 불려 갈 것을 미리 알고 있었어.

"궁전으로 가면 나는 굶어 죽을 텐데."

닉슨은 이렇게 중얼거리며 풀이 죽은 얼굴로 궁전에 따라갔지.

왕은 닉슨이 정말 예언 능력이 뛰어난지 궁금했어. 그래서 닉슨이 오기 전에 다이아몬드를 궁전에 감춘 뒤, 잃어버린 다이아몬드를 찾게 해 달라고 청했지. 이때 닉슨은 영국의 속담을 입에 올렸단다.

"숨긴 사람이 찾을 수 있다."

왕은 깜짝 놀랐어. 그제야 비로소 닉슨의 예언 능력이 뛰어남을 인정했지.

닉슨은 자신이 궁전에 머물면 굶어 죽는다며 집으로 보내 달라고 왕에게 여러 번 청했어. 그러나 왕은 그것을 받아들이지 않았고, 궁전 관리에게 닉슨의 식사를 꼭 챙겨 주라고 신신당부했지.

그러던 어느 날, 왕은 지방으로 사냥을 떠났어. 그러자 궁전의 시종들은 닉슨이 왕에게 특별한 대우를 받는 것을 시기하여 그를 구박하고 모욕을 주었지. 닉슨은 궁전 관리에게 자신의 처지를 하소연했고, 궁전 관리는 그를 보호하려고 궁전의 구석방에 숨겨 주었어. 그리고 끼니때가 되면 음식을 가져다주었어.

그런데 얼마 뒤, 왕이 사람을 보내 궁전 관리를 급히 사냥터로 불렀어. 그 바람에 닉슨의 끼니를 챙겨 주지 못했는데, 사흘 뒤에 돌아와 보니 닉슨이 굶어 죽어 있었어.

마더 십턴은 스코틀랜드 여왕을 지냈던 메리의 처형, 제임스 1세의 즉위 등을 예언하여 유명해진 여자 예언가야. 그녀는 일찍이 1666년의 '런던 대화재'를 예언했는데 그것이 그대로 이루어져 사람들을 놀라게 했지. 런던 대화재가 일어났을 때 런던 시민들은 마더 십턴이 "런던이 잿더미로 변한다."고 예언했다면서 불을 끄려고 하지 않아 정부 당국이 아주 애를 먹었다는구나.

마지막으로, 노스트라다무스는 세계적으로 유명한 예언가야. 그는 1547년부터 예언을 시작했는데, 1555년 운문으로 이루어진 예언집을 펴내어 명성을 얻었어.

노스트라다무스는 이 책에서 "싸움터에서 단 한 번의 싸움으로 젊은 사자가 늙은 사자를 쓰러뜨리리라. 황금 우리 안에서 일격에 눈을 찌르니 두 군데의 상처가 하나 되어 참혹한 죽음을 맞이하리라."고 예언했어.

360년 뒤에는……

이 예언은 1559년에 프랑스 왕 앙리 2세가 기사들의 창 시합에 나갔다가 목숨을 잃음으로써 그대로 이루어졌지. 앙리 2세와 맞선 호위 기사의 창이 부러지면서, 그 창 조각이 앙리 2세의 투구를 관통해 눈과 목을 찔렀는데, 열흘을 앓다가 세상을 떠난 거야.

　노스트라다무스는 그 밖에도 자신의 죽음을 비롯하여 18세기의 프랑스 혁명, 나폴레옹의 등장, 20세기의 제2차 세계 대전까지 예언했다고 전해지고 있단다.

## 런던을 공포와 불안에 빠뜨린 예언

　1523년 6월 어느 날이었어. 영국 런던에서 이름깨나 얻고 있는 점성술사별의 빛이나 위치 등을 보고 점을 치는 점술가 몇 사람이 사람들을 모아 놓고 중대 발표를 했어. 1524년 2월 1일에 대홍수가 나서 런던 시내가 물에 잠기고 가옥 1만여 채가 떠내려간다는 내용이었어.

　이 예언은 런던 시민들을 불안과 공포에 빠뜨렸지. 예언한 날짜가 다가오자 사람들은 런던을 떠나기 시작해서 1524년 1월 중순까지 2만여 명이 시골로 떠났다고 해.

　마침내 2월 1일이 되었을 때, 예언과 달리 하늘은 구름 한 점 없이 맑기만 했단다. 공포와 불안에 떨며 밤을 꼬박 새운 런던 시민들은 거세게 항의했지. 점성술사들은 100년 뒤에 일어날 홍수를 잘못 계산한 거라고 핑계를 댔어. 런던 시민들은 이 말을 듣고 어이가 없었지만 홍수가 일어나지 않았다는 사실에 안도하며 집으로 돌아갔단다.

## 마녀사냥
# 수많은 사람을 마녀로 몰아 죽인 마녀사냥

중세 유럽에서는 죄 없는 여자들이 마녀로 몰려 재판을 받고 죽음을 당했다.
결혼하지 않고 혼자 살거나 남편을 잃은 여자들이 표적이 되었다.

　마녀를 사전에서 찾아보면 '마력을 지닌 여자', '여자 마귀', '악독한 여자를 비유하여 이르는 말'이라고 되어 있어. 그런데 중세 유럽에서는 마녀를 '악마에게 영혼을 팔아 초자연적인 마력을 받아서, 사람들에게 해를 끼치는 사람'이라고 믿었어. 이들은 빗자루를 타고 날아다니며, 악마의 집회에 참석하고, 어린아이를 죽여 그 피를 온몸에 바른다고 여겼지.
　교회에서는 성서 「출애굽기」에 나오는 "마술을 부리는 여자는 살려 두면 안 된다."는 구절을 인용하여, 마녀로 의심되는 사람은 이단<sup>자기가 믿는 종교의 교리에 어긋나는 이론이나 행동, 종교를 가리키는 말</sup> 심문소에 넘겨 재판을 받게 했지. 이것이 이른바 '마녀사냥'이야.
　처음에 마녀사냥은 교회의 가르침에 위배되는, 이단으로 의심되는 사람들을 붙잡아 심문하는 것이었어. 즉 마술을 사용하는 것은 교회의 가르침에 위배되니 이단이라며 심판을 받게 한 거야.

1487년 로마 가톨릭교회 수사인 야콥 슈프랭거와 하인리히 크라머가 『마녀의 망치』라는 책을 펴낸 이후 마녀사냥은 본격적으로 시행되었어. 이들은 "마녀는 마술을 사용할 뿐 아니라 악마와 계약한 사람"이라고 주장했거든. 그래서 악마와 계약한 악마의 하수인을 찾아내어 심문을 했고, 그 증거로 악마의 집회에 참석했다는 자백을 받아 마녀로 몰고 처형했지.

전염병이 돌거나 흉년이 들고 태풍이 불면 그것은 악마의 하수인인 마녀의 짓으로 여겨졌어. 혼자 사는 여자들을 주로 마녀로 점찍어 체포했는데, 이단 심문소의 심문관이 심문을 했어. 마녀로 인정되면 다른 마녀들의 이름을 대라고 하여 애꿎은 여자들을 모두 체포했지. 심문은 가혹한 고문

으로 이어져 거짓 자백을 할 수밖에 없었단다.

 마녀는 화형, 참수형, 교수형 등으로 처형했어. 가장 흔한 방법이 산 채로 불에 태우는 화형이었는데, 마녀는 그 처형 비용까지 부담해야 했지. 또한 마녀의 재산은 모두 교회가 몰수하기 때문에 교회는 마녀사냥에 더욱 적극적이었어.

 이렇게 무시무시한 마녀사냥으로 희생된 여자는 독일에서만 수십만 명이었고, 유럽을 통틀어 100만 명이나 되었다고 해.

### 마녀를 가려내는 방법?

 중세 시대에 마녀인지 아닌지 가려내는 방법은 아주 간단했어. 마녀로 점찍은 여자를 바위에 매달아 물에 빠뜨려. 여자가 물 위에 떠오르면 마녀이고, 물속에 가라앉아 죽으면 마녀가 아니라고 판정했지.

 저울에 몸무게를 재는 방법도 있었어. 마녀는 몸이 가볍다고 알려져 있었기 때문이야. 어느 곳에서는 마녀의 몸무게를 25킬로그램으로 정해 아이들을 마녀로 판결했지.

 바늘로 온몸을 찌르는 방법도 있었어. 마녀는 마법 때문에 몸의 어느 곳이 마비되어 있다고 생각했거든. 그래서 옷을 벗겨 몸에 상처가 있는지 구석구석 찾아보았어. 악마에게 피를 빨리면 마녀가 된다고 여겨서, 피를 빨리고 남은 상처 자국이 있는지 조사하기도 했어.

 그 밖에 감옥에 갇혀 있을 때 거미나 파리 등이 있으면 악마가 변한 것이라며 마녀로 점찍기도 했지.

## 손수건
# 유럽 남성은 프러포즈할 때 손수건을 사용했다?

유럽에서 손수건은 처음 땀을 닦거나 코를 푸는 데 썼으며,
르네상스 시대에는 연인 사이에 애정의 선물로 주고받았다.

유럽에서 손수건을 처음 사용한 것은 고대 그리스와 로마 사람들이었어. 이들은 손수건을 '땀수건'이라 부르며 땀을 닦거나 코를 푸는 데 썼지. 하지만 손수건은 로마가 망한 뒤에 사라졌어.

손수건은 르네상스에 와서야 다시 나타났어. 15세기쯤 프랑스 사람들이 중국에 갔는데, 따가운 햇볕을 피하려고 헝겊으로 머리를 가린 중국 농부들을 보았어. 그중 여자들은 머리를 헝겊으로 둘러서 꾸미기도 했지.

이 풍습은 영국에도 전해져, 평소에는 헝겊을 손에 들고 다니다가 햇볕이 뜨거우면 머리를 가렸어. 그래서 이름도 '손(hand)'과 '두건(kerchief)'을 합쳐 '핸드 커칩(행커치프)', 즉 '손수건'이 되었단다.

르네상스 유럽에서 손수건은 처음에 젊은 남녀 사이에 사용되었어. 마음에 드는 여자가 있으면 남자는 여자의 발밑에 일부러 손수건을 떨어뜨렸

어. 그때 여자는 남자가 마음에 들면 손수건을 주워 들고, 마음에 들지 않으면 모르는 척 지나갔지. 또한 손수건은 연인 사이에 애정의 표시로 주고받는 선물이 되었어. 기사들은 애인에게 받은 비단 손수건을 투구 속에 넣고 전쟁터를 누볐다고 해.

16세기쯤에는 손수건이 사치품으로 취급되었어. 보석과 구슬로 화려하게 장식한 손수건도 있었거든. 이러한 손수건은 무척 비싸서 유언장의 귀중품 목록에 꼭 들어가곤 했지.

영국에서는 엘리자베스 1세 때 손수건을 레이스와 자수로 장식했어. 손수건에 애인의 이름 중 머리글자를 새겨 넣고 한쪽 끝에 여러 가닥의 실을 장식으로 달았지. 남자들은 이 손수건을 모자 리본에 꼽고 다녔고, 여자들은 양 가슴 사이에 넣고 다니면서 '진실된 사랑의 매듭'이라고 불렀어.

18세기 프랑스에는 삼각형, 사각형, 달걀형 등 다양한 모양의 손수건이

있었어. 마리 앙투아네트 왕비는 손수건을 정해진 규격으로 통일하는 칙령을 왕에게 선포하게 했고, 손수건은 사각형으로 고정되어 오늘날까지 내려왔지.

손수건이 장식용에서 코를 푸는 용도로 쓰이기 시작한 것은 16세기부터였어. 손수건이 사치품이긴 하지만 상류층에서는 땀을 닦거나 콧물을 닦는 데 썼단다. 프랑스 국왕 앙리 4세는 손수건을 다섯 개나 넣고 다니며 번갈아 사용했다고 해.

19세기에 와서는 싸고 실용적인 무명 손수건이 많이 생산되어, 거의 모든 사람이 손수건을 코를 푸는 데 쓰게 되었지.

### 손수건을 쓰지 않은 옛날에는 어떻게 코를 풀었을까?

르네상스 유럽 사람들은 신분에 따라 코를 푸는 방법이 달랐어. 농민들은 손으로 코를 풀거나 손가락으로 한쪽 콧구멍을 막고 다른 콧구멍으로 코를 풀었어. 그러나 시민 계층은 소맷자락에 코를 닦았으며, 상류층은 손수건으로 코를 닦았지.

상류층은 자신의 손수건을 남에게 빌려주기도 했어. 그래서 작가 에라스무스는 1530년 자신의 책 『어린이들의 예의범절』에서 "깨끗한 손수건이 아니면 남에게 빌려주지 말라."고 조언하기도 했지. 또한 그 책에는 손수건으로 코를 풀 때 주의해야 할 점까지 기록해 놓았단다. 또 14세기에 발행된 예절 책에서는 식탁에서 코를 푸는 것이 식사 예절에 벗어난 행동이라고 기록하고 있어.

### 해부학
## 해부학자는 시체 도둑?

사람의 몸을 갈라 헤쳐 그 형태와 구조를 밝혀내는 학문을 해부학이라 한다. 유명한 해부학자로 고대 로마의 갈레노스와 16세기 벨기에 의학자인 안드레아스 베살리우스가 있다.

 의사가 병을 잘 고치려면 사람의 몸에 대해서 잘 알아야겠지? 그 생김새나 구조, 기능 등을 확실히 파악하고 있어야 병의 진단이나 치료를 제대로 할 수 있으니까 말이야. 그래서 의학을 공부하는 사람들이 반드시 배워야 할 과목이 해부학이란다.

 해부학은 사람의 몸을 해부하여 그 구조를 밝혀내는 학문이야. 의과 대학에서는 해부학을 가르치는 교수가 죽은 사람의 몸을 해부하여 학생들에게 몸 내부를 자세히 학습하도록 해 주지.

 서양 의학에서 최초의 해부학자로 꼽히는 사람은 고대 로마 제국의 명의였던 갈레노스야. 그는 마르쿠스 아우렐리우스 황제의 군의관으로서 검투사들을 치료하는 일을 맡았어. 내장이 드러나는 등 심한 부상을 입은 사람들을 돌보면서 해부학에 관심을 갖게 되었지. 당시에는 죽은 사람의 몸을 해부하는 것을 금했기 때문에, 갈레노스는 사람 대신 개, 돼지, 원숭이, 산양 등의 동물을 해부했어. 그렇게 해서 얻은 결과를 사람에게 적용시켜 연구를 계속하여 수백 권이 넘는 책을 썼지.

그 뒤 갈레노스의 해부학 지식은 천 년이 넘도록 진리처럼 받아들여졌어. 해부학 교수들은 그것을 철석같이 믿어 자기 손으로 사람의 몸을 해부하지 않고 갈레노스의 책을 뒤적였지. 뿐만 아니라 사람의 몸을 해부할 수 있게 된 뒤에도 해부는 이발사에게 맡긴 채 갈레노스의 책을 펼쳐 놓고 거기에 나오는 장기를 꺼내어 보여 주도록 했어.

그런데 16세기 벨기에의 루뱅 대학에는 갈레노스의 해부학 지식에 많은 오류가 있음을 알고 해부학 연구에 몰두한 교수가 있었어. 그는 다름 아닌 프랑스 파리에서 해부학을 공부했던 안드레아스 베살리우스였어.

'갈레노스는 사람 대신 다른 동물을 해부하고, 그것을 사람의 것인 양 설명해 놓았다. 그러니 당연히 오류가 많을 수밖에 없지. 사람의 몸을 알려면 직접 해부해야 한다.'

베살리우스는 직접 사람의 몸을 해부하기로 결심했어. 그래서 달이 뜨지 않은 어느 날 밤, 도시 변두리에 있는 처형장으로 향했지. 사형수의 시체를 몰래 가져오기로 한 거야.

처형장에는 사형수의 시체가 교수대에 매달려 있었어. 베살리우스는 그것을 끌어내려 자기 집에 가져갔어. 그리고 밤새도록 시체를 해부하여 그 내용을 적었지.

1537년 이탈리아 파도바 대학의 해부학 교수가 된 베살리우스는 시체를

도둑질하면서까지 해부할 필요가 없어졌어. 이탈리아는 의학자라면 누구나 인체 해부를 할 수 있고, 파도바시에서 사형수의 시체를 파도바 대학에 해부용으로 기증하기로 약속했거든. 시체를 오래 두면 썩기 때문에, 방금 처형된 시체를 제공하려고 베살리우스의 해부학 시간에 맞춰 사형수를 처형하기도 했단다.

베살리우스는 이렇게 좋은 조건에서 열심히 해부학 연구를 하여, 1543년 『인체의 구조에 대하여』라는 책을 펴냈어. 이 책에서는 갈레노스의 오류를 200가지나 지적하여 바로잡았으며, 근대 해부학의 기초를 세운 명저로 평가되었지.

그러나 당시에는 이 책에 대해 교회의 비난이 쏟아졌어. '성서에는 아담의 갈비뼈 하나를 떼어 이브를 만들었다는데, 어찌하여 베살리우스의 책에는 남자의 갈비뼈 수가 여자보다 적지 않고 똑같은가?' 하면서 별의별 트집을 다 잡았지.

결국 베살리우스는 파도바 대학 교수에서 물러나야 했고, 1564년 성지 순례를 마치고 돌아오다가 그리스의 자킨토스섬에서 숨을 거두고 말았단다.

### 중세 서양에서는 왜 인체 해부를 금지했을까?

교회에서는 사람이 죽어도 영혼이 돌아와 다시 살아날 수 있다고 가르쳤어. 그래서 시체에 칼을 대는 것은 철저히 금했지. 특히 인체 해부에 대해서는 악마나 하는 일이라고 몰아붙였어. 사람의 몸을 하느님이 만들었는데, 어째서 사람이 감히 그 속을 열어 보고 조사하느냐는 거야. 그것은 하느님을 모독하는 짓이라고 했지.

1543년 베살리우스가 『인체의 구조에 대하여』를 출간하자 교회에서는 "베살리우스는 하느님을 모독한 악마다. 악마가 쓴 책을 불사르고 종교 재판에 넘겨야 한다."고 주장하기도 했단다.

동양에서도 인체 해부를 금했는데, 그것은 효도를 중요하게 여기는 유교적 전통 때문이었지. "우리 몸은 부모님에게 받았으니 머리털 하나라도 상하지 말아야 한다. 그것이 효도의 시작이다."라고 가르쳤거든.

#### 백년전쟁

## 영국과 프랑스는 왜 백 년 동안이나 전쟁을 했을까?

백년전쟁은 영국과 프랑스가 1337년부터 1453년까지 100년이 넘게 치른 전쟁이다. 중간중간 싸움을 멈춘 기간도 모두 포함한 것이다.

영국과 프랑스의 백년전쟁은 1337년에 시작되었어. 그 무렵 프랑스에서는 국왕 필리프 4세의 막내아들인 샤를 4세가 후계자 없이 세상을 떠나자, 발루아 집안의 필리프 6세가 왕위를 이었어. 그러자 영국의 국왕 에드워드 3세가 이렇게 주장하고 나섰지.

"왕위를 이어받을 사람은 바로 나다. 내 어머니가 필리프 4세의 딸이니, 나는 필리프 4세의 외손자 아닌가."

에드워드 3세는 자신에게 왕위 계승권이 있다고 주장하며, 1337년 군대를 이끌고 프랑스로 쳐들어갔어. 이렇게 백년전쟁이 시작되었지.

영국군은 프랑스군보다 세 배나 군사가 많고 전력이 강했어. 1340년에는 슬로이스 해전, 1346년에는 크레시 전투, 1356년에는 푸아티에 전투에서 프랑스를 크게 무찔렀어. 에드워드 3세는 1360년 프랑스와 브레티니 조약을 맺고 프랑스 땅 일부와 거액의 배상금을 받았지.

그 후 1369년 영국군의 프랑스 침입으로 다시 시작된 전쟁은 프랑스군의 반격으로 싸움이 더욱 치열해졌어. 프랑스의 국왕 샤를 5세는 브레티니 조약으로 영국에 빼앗겼던 땅 대부분을 되찾았으며, 1375년 휴전 협정을 맺었어. 이 협정으로 영국과 프랑스는 30여 년 동안 평화를 이어 갔지.

그런데 1407년 프랑스에서 내전이 일어났어. 당시 정신병을 앓던 샤를 6세를 대신하여 권력을 차지하려고 귀족들이 부르고뉴파와 아르마냐크파로 나뉘어 싸움을 시작한 거야.

1413년 영국에서는 헨리 5세가 왕위에 올랐어. 헨리 5세는 내전으로 허약해진 프랑스를 손아귀에 넣겠다는 야심을 품었지. 그래서 부르고뉴파와 동맹을 맺고 프랑스로 쳐들어갔어. 영국군은 아쟁쿠르 전투에서 승리하고 노르망디와 루앙을 함락하는 등 프랑스 북부 지방을 대부분 빼앗았어.

1420년 5월 20일, 샤를 6세와 헨리 5세는 트루아 조약을 맺었어. 헨리 5세는 샤를 6세의 딸 카트린과 결혼함으로써 자신이 샤를 6세에 이어 프랑스 왕위를 계승하기로 한 거야.

1422년 헨리 5세와 샤를 6세가 잇달아 죽었어. 영국에서는 나이 어린 헨리 6세가 왕위에 올랐지. 이렇게 되자 궁지에 몰린 것은 샤를 왕세자(뒤에 샤를 7세)와 그를 지지하는 아르마냐크파였어. 트루아 조약에 따라 헨리 6세가 프랑스 국왕을 겸하게 되었기 때문이야. 그러나 샤를 왕세자는 이를 인정할 수 없었어. 그는 프랑스 남쪽 지방에서 영국군과 맞섰지.

이때 혜성처럼 나타난 것이 잔 다르크였어. 1429년 잔 다르크는 영국군을 무찌르고 오를레앙을 지켰지. 그 뒤 전세가 역전되어 프랑스군은 노르망디를 비롯해 빼앗겼던 땅들을 되찾기 시작했어. 그리하여 1453년에는 드디어 보르도 전투에서 승리하여, 영국군을 몰아내고 백 년에 걸친 전쟁을 끝낼 수 있었단다.

### 프랑스를 위기에서 구한 애국 소녀 잔 다르크

 잔 다르크는 프랑스 동부 동레미의 시골 마을에서 농민의 딸로 태어났어. 두 번이나 '나라를 구하라'는 하느님의 계시를 받은 잔 다르크는 1429년 4월 샤를 왕세자를 도와 백년전쟁에 참여해서 영국군을 무찌르고 오를레앙 성을 구했지. 잔 다르크 덕분에 샤를 왕세자는 무사히 왕위에 오를 수 있었단다.

그런데 1430년 5월, 잔 다르크는 콩피에뉴 전투에 나섰다가 부르고뉴군에게 잡혀 재판에 넘겨졌어. 그리고 마녀와 이단의 죄로 사형 판결을 받아 이듬해 5월 30일 루앙의 장터에서 화형을 당했지.

하지만 1455년 잔 다르크의 명예 회복 재판이 열려 무죄가 선고되었으며, 1920년에는 가톨릭교회에서 성인으로 선포되었단다.

## 기사
# 전쟁과 다름없는 기사들의 마상 시합

기사의 본래 뜻은 말을 타는 사람이다. 중세 유럽에서
기사 계급은 말을 타고 싸우는 전사들을 가리켰다.

　말을 타고 싸우는 기사가 처음 등장했을 무렵에는 자유민이라면 누구나 기사가 될 수 있었어. 하지만 말, 갑옷, 무기 등을 사는 데 많은 돈이 들고, 군사 훈련을 받는 데도 많은 시간이 필요했지. 따라서 이것을 감당할 만한 상류층만이 기사가 될 수 있었어.

　그 뒤 기사 계급은 세습이 되어 대대로 이어졌고, 12세기에서 14세기 사이에는 영주에게 봉토(영주에게 봉사하는 대가로 받는 토지)를 받고 전쟁터에도 나가게 되었지. 전쟁이 일어나 왕이 영주에게 출전을 명하면, 영주에게 속한 기사들이 말을 타고 떠나 전투를 벌였던 거야.

　기사들은 전투에서 승리하면 전리품도 얻고 영주에게 봉토도 받을 수 있었어. 그야말로 명예와 부를 한꺼번에 거머쥘 수 있었지. 하지만 전투에서 패하여 포로가 되면 몸값으로 많은 돈을 내야 풀려날 수 있었어. 전투에서 부상을 입으면 적군에게 그 자리에서 처형당했단다. 기사들에게는 갑옷, 투구, 무기 등 값비싼 장비가 있기 때문에 적군은 그것을 챙기려고 서슴없이 살인을 저질렀던 거야.

기사들은 전쟁이 없는 평화로운 때에는 '마상 시합'을 했어. 두 패로 나누어 싸움을 벌였는데, 얼마나 치열하게 싸웠는지 전쟁과 다름없었어. 수많은 전사자와 부상자가 나왔으니까. 그래서 나중에는 기사들이 일대일로 맞서는 창 시합으로 바뀌었는데 결과는 비슷했어. 수많은 기사들이 창 시합으로 목숨을 빼앗겼거든. 심지어 1559년에는 프랑스의 왕 앙리 2세도 창 시합에 나갔다가 목숨을 잃었어.

기사 계급은 자식이 그 뒤를 잇는 세습제였지만, 기사가 되려면 일정한 수습 과정을 밟아야 했지. 일단 7세가 되면 기사의 아들들은 영주의 성으로 들어가 '시동' 노릇을 시작했어. 벽난로를 피우거나 귀부인들의 시중을 드는 등 궂은일을 하면서 궁중 의식이나 무예를 익혔지.

14세가 되면 견습 기사인 '종자'가 되어 기사를 모셨어. 기사가 갑옷을 입거나 말을 탈 때 시중을 들고, 혹독한 훈련을 받았어. 또한 기사와 함께 전쟁터에 나가 기사의 무기를 들고 쫓아다녔어.

기사가 부상을 입기 전에는 직접 전투에 나서지 않았다고 해. 이 시기에 기사로서 갖춰야 할 일곱 가지 기예를 배웠는데, 검술·활쏘기·승마·수영·수렵·체스·시 짓기 등이었어.

21세가 되면 정식 기사로 임명되었는데, 반드시 기사 작위 수여식을 가졌단다. 처음에는 작위 수여식이 간소해서 기사가 종자에게 갑옷을 입혀

주고 기사 작위를 수여한다고 선언하는 것으로 끝났지. 하지만 나중에는 예배당에서 복잡하고 엄숙한 의식을 거쳐 기사 작위를 받았단다.

　기사들은 십자군 원정에 참여하는 등 중세에 중요한 역할을 했지만, 그 뒤로 몰락의 길을 걸었어. 14, 15세기 이후 전술이 달라지고 화약과 총포가 등장하면서 기사들은 계속 패하여 설 자리를 잃어 갔지. 그리하여 나중에는 기사 작위가 훌륭한 업적을 쌓은 사람에게 수여하는 명예 작위로만 남게 되었단다.

## 기사도란 무엇일까?

 기사도는 중세에 기사가 가져야 할 '명예롭고 예의바른 행동'을 뜻한단다. 11, 12세기경에 생겨난 이 기사도는 교회와 영주에게 충성을 다하며 정의를 수호하고, 모든 사람에게 관대해야 한다는 내용을 담고 있어. 또한 전쟁터에서는 용맹스럽게 싸우고, 비겁한 짓을 하지 않으며, 여자와 약자를 보호해야 한다는 내용도 있었어.

기사들은 기사도 정신에 따라 신과 교회를 위해 싸우려고 십자군 원정에 나섰단다. 하지만 그들은 이슬람교도와 유대인들을 학살하고 약탈을 일삼음으로써 기사도 정신을 저버렸지.

중세의 기사들은 여자를 보호해야 할 의무가 있었는데, 특히 귀부인을 숭배하고 그를 위해 헌신했어. 그들은 자신이 사랑하는 귀부인의 명예를 위해 전쟁터에 나가 승리함으로써 그 귀부인을 유명하게 만들었단다.

시끌벅적 사건으로 배우는 어린이 세계사 1

왕과 신, 백성이 조화를 이룬
# 근세

십자군 전쟁이 끝난 뒤, 사람들은 신 중심에서 벗어나
인간을 중심으로 생각하기 시작했단다.
상업이 발달했고 신기술이 등장했으며,
문화와 예술에 관심을 가졌지.
한편 왕은 신과 같은 강력한 권한을 갖는 절대 왕정을 펼쳤고,
동방 세계에 관심을 갖고 너도나도 항해에 나서,
아메리카와 아시아에 수많은 식민지를 건설했어.

## 툴립의 나라
# 전 재산을 털어 툴립을 사다

네덜란드는 '풍차의 나라'로 유명하지만, 관상용 화초인
툴립으로도 세계적인 명성을 얻고 있다.

네덜란드에 있는 쾨켄호프 공원은 세계에서 가장 큰 툴립 공원이야. 이곳에서는 매년 3월부터 5월까지 툴립 축제가 열리는데 세계 각지에서 수많은 관광객들이 찾고 있어.

툴립은 16세기에 오스만 제국의 수도인 콘스탄티노플<sub>지금의 이스탄불</sub>을 통해 유럽으로 흘러들어 왔고, 네덜란드에는 1593년쯤에 전해졌어. 17세기 전반 무렵 네덜란드에서는 툴립이 크게 인기를 끌었단다. 귀족에서부터 하녀에 이르기까지 툴립을 사려고 다투어 툴립 거래소로 몰려들었어. 여러 도시에 있는 여관은 툴립 거래소로 변신해 발 디딜 틈 없이 엄청 붐볐지.

사람들은 툴립을 정원에 심어 가꾸려고 사는 것이 아니었어. 일단 툴립을 사들였다가 더 비싼 값에 파는 것이 목적이었지. 왜냐하면 툴립 값이 하루가 다르게 팍팍 오르고 있었거든. 1635년에는 툴립 40뿌리를 10만 플로린<sub>네덜란드의 화폐 단위</sub>에 사들이는 사람까지 있었어. 돼지가 3플로린, 소가 100플로린에 팔리고 있었으니 어마어마한 금액이었지.

당시에 희귀한 품종의 튤립은 상상할 수 없는 가격에 거래되었어. '셈페르 아우구스투스'라는 품종은 1636년 초에 전국에 두 뿌리밖에 남지 않았는데, 한 뿌리를 5만여 제곱미터의 땅과 교환한 적도 있었지.

'셈페르 아우구스투스' 품종에 대해서는 이런 이야기가 전해지고 있단다.

어느 날, 튤립 투기에 미쳐 있던 한 부자 상인이, 자신의 상선이 부두에 도착했다는 소식을 들었어. 그 상선은 동방 무역을 위해 떠났다가 비싼 비단을 한가득 실어 왔지.

상인은 배가 도착했다는 소식을 제일 먼저 전해 준 선원이 너무나 고마웠어. 그래서 그 선원을 아침 일찍 자신의 집무실로 불러 청어 한 마리와 깡통 맥주 하나를 선물했지.

그런데 선원은 상인이 잠깐 자리를 비운 사이, 책상 위에 놓인 튤립 한 뿌리를 보았어. 그것은 튤립 가운데 가장 비싼 품종인 '셈페르 아우구스투스'였지. 그러나 선원은 그것이 양파인 줄 알고 주머니에 슬쩍 넣고 상인의 집무실에서 나왔어.

'맛있는 청어와 맛 좋은 맥주, 그리고 양파까지 얻었으니 어디 조용한 곳에 가서 아침 식사를 해 볼까?'

선원이 사라진 뒤 상인이 집무실로 돌아왔어. 상인은 튤립이 없어진 것을 알고 얼굴이 새파랗게 질렸어.

"앗! 내 튤립이 어디 갔지? …… 그래, 그 녀석 짓이야. 튤립을 훔쳐 간 게 틀림없어."

상인은 선원을 찾으려고 부두로 달려갔어. 선원은 부두 한구석에 앉아 아침 식사를 하고 있었지. 그런데 그때는 이미 튤립을 먹어 치우고 청어도 가시만 남긴 뒤였어.

선원은 상인에게 붙잡혀 재판소로 넘겨졌고, 튤립을 훔친 죄로 몇 달간 감옥살이를 했다는구나.

튤립 투기 열풍은 네덜란드를 휩쓸었어. 사람들은 전 재산을 팔아 튤립을 샀고, 집이나 땅 혹은 금과 은보다 튤립을 재산 목록 1호로 쳤지.

그러나 1637년 2월이 되자 갑자기 튤립 값이 떨어지기 시작했어. 더 이상 튤립 값이 오르지 않자 사람들이 너도나도 튤립을 팔려고 내놓아 하루 아침에 튤립 값이 바닥으로 곤두박질친 거야. 튤립 값은 이제 오르지 않았고, 완전히 바닥으로 떨어져 양파보다 더 싼 값에 거래되는 화초가 되었지. 전 재산을 털어 넣고 빚까지 얻어 튤립을 샀던 사람들은 알거지<sub>가진 것이 아무것도 없는 거지, 또는 그런 형편</sub>가 되었어. 그리고 네덜란드 경제도 큰 타격을 받아 몇 년 동안 불경기를 겪어야 했지.

### 튤립이라는 이름의 유래

튤립은 네덜란드의 꽃으로 유명하지만 사실 튤립의 원산지는 오스만 제국, 오늘날의 터키란다. 튤립은 터키의 나라꽃이기도 해.
튤립은 오스만 제국에서 랄레라는 이름으로 불렀는데, 이슬람교도 남자가 머리에 둘둘 감는 터번과 닮았다고 해서 튈벤드라고 부르기도 했어. 이 말이 유럽을 거쳐 오면서 튤립으로 바뀐 거야. 튤립은 유럽 여러 지역으로 널리 퍼져 "튤립을 재배하지 않으면 교양이 없다."는 말이 돌 만큼 인기 있는 화초가 되었단다.

# 커피
## 교황에게 세례를 받은 '악마의 음료'

아프리카 에티오피아에서 발견한 커피는 독특한 향과 맛 때문에
오늘날 전 세계 사람들의 기호품으로 많은 사랑을 받고 있다.

지금으로부터 1300여 년 전 아프리카의 에티오피아에서 있었던 일이야.

이슬람교의 어느 수도원에서는 양들을 기르고 있었어. 양을 돌보던 양치기는 어느 날 밤, 이상한 점을 발견했지. 양들이 잠들지 못하고 흥분해 있는 거야. 다음 날도 그 다음 날도 마찬가지였어.

'별일이네. 어째서 양들이 밤마다 잠을 자지 않는 거지? 뭘 잘못 먹었나?'

양치기는 양들이 걱정되어 다음 날 아침부터 눈에 불을 켜고 양들을 관찰했어. 그랬더니 양들이 저녁때 수도원 근처에 있는 숲에서 어떤 나무의 열매를 먹는 거야. 아니나 다를까, 양들은 그날 밤에도 어김없이 잠을 자지 않고 흥분해 있었지.

다음 날 양치기는 수도사를 만나 나무 열매를 보여 주며 말했어.

"양들이 왜 밤마다 잠을 자지 않고 흥분하여 날뛰는지 알았습니다. 이 나무 열매를 먹어서입니다."

수도사는 나무 열매를 넘겨받아 먹어 보았어. 그러자 졸리지 않고 기분이 좋아지는 거야.

"으음, 우리 같은 수도사에게는 아주 좋은 열매야. 이 열매만 먹으면 밤새도록 기도해도 전혀 잠이 오지 않겠어."

나무 열매의 효력을 알게 된 수도사는 이 열매를 어떻게 하면 간편하게 먹을 수 있을지 연구했어. 그래서 나무 열매를 물에 끓여 마시는 방법을 알아냈지. 이렇게 해서 온 아라비아 반도에 널리 퍼진 것이 커피라는 음료야.

이슬람 사람들은 커피를 '신이 준 성스러운 약', '이슬람의 포도주'라고 불렀어. 커피를 마시면 밤새워 기도할 수 있었으니 모두들 신비한 음료로 여겼지.

커피는 르네상스 운동이 일어난 14세기 중반부터 유럽에 전해져, 예술가들을 통해 이탈리아 전체로 퍼져 갔어. 그런데 바티칸의 사제들은 커피에 대해 반기를 들고 일어났어.

"커피는 이슬람 사람들이 마시는 음료입니다. 이교도<sup>기독교 이외의 종교를 받들고 믿는 사람</sup>를 위한 악마의 음료이지요. 그러니 커피 마시는 것을 금지시켜 주십시오."

1605년 사제들은 교황 클레멘스 8세에게 이런 청원을 하기에 이르렀지. 그러자 교황은 커피가 정말 악마의 음료인지 조사하기 시작했어. 커피를 마셔 본 교황은 그 독특한 향기와 맛에 반하고 말았단다.

"커피가 아주 훌륭하구나. 이교도들만 마시기에는 너무 아까워. 이렇게 좋은 음료는 하느님의 백성들에게도 마시게 해야겠다."

교황은 악마의 음료라 불리던 커피를 '기독교인의 음료'라고 선언하고는 커피에 세례를 베풀었어. 그리하여 커피는 교황의 축복을 받아 모든 사람의 음료가 되었지.

## 로마 황제 콘스탄티누스 1세가 소시지를 금지한 이유는?

로마 황제 콘스탄티누스 1세는 어느 날, 온 백성에게 소시지 먹는 것을 금한다는 황제령을 내렸단다. 그래서 로마 시민들은 200여 년 동안 소시지를 먹을 수 없었지. 왜 그랬을까?

소시지는 소나 양, 돼지 따위의 창자에, 다져서 양념을 한 고기를 넣어 만든 서양식 순대란다. 당시만 해도 부패하기 쉬운 고기를 보존할 방법이 마땅치 않아, 소시지는 누구에게나 환영받는 음식이었어.

콘스탄티누스 1세도 소시지를 아주 좋아했다고 해. 소시지만 찾아 먹던 그는 로마 시민들이 소시지를 좋아하는 것을 보고, 소시지가 시민들을 타락시키고 있다고 생각했대. 결국 황제령을 내려 소시지는 자기만 먹을 수 있게 했지. 그의 소시지에 대한 욕심이 지나쳤던 것은 아닐까?

## 국기

# 국기 때문에 싸운 나라들도 있었다?

국기는 한 나라를 대표하는 상징으로, 천이나 종이에
여러 가지 빛깔과 모양으로 그려서 만든 깃발이다.

    국기는 본래 군대에서 아군과 적군을 구별하고 아군끼리 신호를 보내는 군기에서 비롯되었어. 중세 십자군 원정 때 기사들은 적군과 구별되는 공통의 표지가 필요했는데, 그것이 바로 그리스도교의 십자가를 그린 기였어. 영국 국기인 '유니언 잭'을 비롯하여 노르웨이·스웨덴·핀란드·덴마크·그리스·스위스·아이슬란드 등의 국기가 이를 활용하여 만들어졌어.

    한편, 항해술의 발달로 배들이 늘어나면서 배에 다는 깃발인 '선기'가 국기로 발전했다거나, 12·13세기에 유럽의 왕가에서 만든 기장·문장이 국기의 기원이라는 이야기도 있어.

    하지만 국민을 대표하고 한 나라를 상징하는 국기가 만들어진 것은 프랑스 혁명 이후부터야. 프랑스에서는 자유·평등·박애를 상징하는 '삼색기'를 만들어 국기로 사용했는데, 그 뒤부터 세계 여러 나라들이 이를 본

떠서 국기를 만들어 사용하기 시작했어.

 1875년 일본의 군함 운요호는 배에 일본 국기인 일장기를 달았는데도 조선의 포대가 먼저 대포를 쏘았다며, 맹렬히 함포 사격을 하여 조선군 병사 35명의 목숨을 빼앗아어. 그들의 속셈은 다른 데 있었지만, 일본 국기를 공격한 문제를 구실로 내세웠지.

 세계 역사를 살펴보면 국기 문제로 나라끼리 싸우는 일이 종종 벌어졌어. 1840년의 아편전쟁도 청나라 지방 관리가 영국 국기를 모독한 것이 원인이 되어 일어났고, 1652년 제1차 영국-네덜란드 전쟁이 일어난 것도 겉으로는 국기 전쟁 때문이었지. 영국 함선이 네덜란드 함선에게 국기를 내려 영국 국기에 예를 갖출 것을 강요하며 함포 사격을 한 것이 전쟁의 발단이 되었거든. 당시 영국은 자기 나라 바다를 지나는 다른 나라 배가 영국 배와 마주쳤을 때, 국기를 내려 영국 국기에 경의를 표하게 했어. 이를 어기면 다른 나라 배에 공격을 퍼부었지.

 1554년에는 이런 일도 있었어. 스페인 왕 펠리페 2세가 영국의 메리 여왕과 결혼하려고 180척 대함대의 호위를 받으며 항해를 하고 있었어. 그런데 도중에 영국의 해군 사령관이 지휘하는 28척 함대와 마주친 거야. 이때 펠리페 2세는 영국 배를 보고도 못 본 척 지나치려고 했어. 그러자 스페인 함대가 예의를 지키지 않는다며 영국 함대가 함포 사격을 하는 게 아니겠어. 펠리페 2세는 자신이 잘못했기 때문에 결국 자기네 국기를 내려 영국 국기에 경의를 표했어. 그제야 그는 무사히 그 바다를 지나갈 수 있었단다.

## 비슷하면서도 다른 나라별 국기

 어떤 국기들은 형식에 따라 비슷하게 보이기도 해. 그 형식을 보면, 첫째는 기독교의 십자가를 그린 국기야. 영국·노르웨이·스웨덴·핀란드·덴마크·그리스 등의 국기가 여기에 속해.

둘째는 초승달·별·태양이 들어간 국기야. 초승달과 별은 이슬람교를 나타내는데, 이슬람교를 믿는 나라인 터키·파키스탄·알제리 등의 국기에 나타나고 있어. 별은 공산(사회)주의를 상징하기도 해. 국기에 태양이 들어간 나라는 일본·대만·네팔·아르헨티나 등이 있어.

셋째는 동물·식물 등을 넣은 국기야. 부탄 국기에는 용, 스리랑카 국기에는 검을 쥔 사자, 알바니아 국기에는 독수리, 캐나다 국기에는 단풍잎이 있어.

넷째는 문자를 담은 국기야. 사우디아라비아 국기에는 '알라 이외에 다른 신은 없다. 마호메트는 알라의 예언자이다.'라는 코란의 한 구절이 있고, 브라질 국기에는 표어, 과테말라 국기에는 독립한 날짜가 들어 있어.

## 가발
### 영국 법관은 재판할 때 가발을 썼다?

프랑스 궁전을 중심으로 귀족 남자들 사이에 가발을 쓰는 것이
유행하기 시작해, 17세기 후반에는 유럽 전체로 퍼져 나갔다.

프랑스 국왕 루이 13세는 23세인 1624년에 탈모 증세를 보여 대머리가 되었어. 그는 고민 끝에 가발을 쓰기 시작했지.

당시에는 가발 만드는 기술이 떨어져, 가발 쓴 티가 많이 났다고 해. 신하들은 왕이 가여워 모두들 가발을 썼는데, 이렇게 하면 누가 대머리인지 알 수 없기 때문이었어. 이렇게 가발을 쓰는 것이 프랑스 궁전을 중심으로 유행하기 시작하여, 17세기 후반에는 유럽 전체로 퍼져 나갔어.

영국에서도 찰스 2세 때인 1660년 무렵 귀족 남자들 사이에 가발을 쓰는 것이 유행했어. 급기야는 영국 법원에서도 재판관과 변호사 들이 가발을 쓰기 시작했지.

그럼 법관들은 왜 법정에서 가발을 썼을까? 그 이유는 여러 가지가 있는데, 재판관과 변호사 들이 위엄을 세우기 위해 가발을 썼다는 것이 가장

설득력이 있어. 다시 말하면 법정의 존엄과 권위를 살리기 위해서라는 거지. 그러나 어떤 사람들은 법관들이 많은 업무 때문에 스트레스를 많이 받아 대머리가 되자, 그 결점을 감추려고 가발을 쓰기 시작했다고도 해. 혹은 법관이 자기 덕망을 나타내기 위해서, 재판 결과에 불만을 품은 피고인과 그 가족으로부터 자신을 보호하고 은폐하기 위해서 가발을 썼다는 견해도 있어.

옛날에 법관들이 쓴 가발은 주로 말총으로 만들었어. 사람 손으로 44시간이 걸려서 겨우 하나를 완성했으니, 가발이 무척 비쌀 수밖에. 그래서 당시 런던에는 법관들의 가발만 노리는 도둑들이 있었다고 해.

도둑들은 바구니에 아이를 태우고는 그 바구니를 어깨에 짊어진 채 거리로 나왔어. 그러고는 가발 쓴 법관이 지나가면 아이가 벌떡 일어나 가발을 벗겨 챙겼지.

법관들은 한번 장만한 가발을 평생 쓰고 다녔어. 가발에 이가 들끓어도 절대 바꾸지 않았어. 오래되고 낡은 가발일수록 법관으로서 오랜 연륜과 풍부한 재판 경험을 나타내기 때문이었어. 어떤 변호사 집안에서는 한 가발을 4대에 걸쳐 94년 동안이나 썼다고 해.

이렇게 비위생적이고 오래된 가발을 쓰니 법정에는 역겨운 냄새가 진동했어. 그래서 어떤 법관들은 그 냄새를 막아 보려고 법정에 꽃을 가져오기도 했단다.

영국에서는 법관들이 가발을 쓰는 관습이 오늘날까지 전해 내려오고 있어. 그런데 2003년에 니콜러스 필립스 대법원장이 "형사 재판을 제외한

민사, 가사 재판에서 잉글랜드와 웨일스 법관들은 더 이상 가발을 쓰지 않아도 된다."고 발표했어. 그리하여 법관들은 2008년 1월 1일부터 민사, 가사 재판에서는 전통과 권위의 상징이었던 말총 가발을 벗게 되었지. 가발이 불편하고 비쌀 뿐 아니라 요즘 시대와 어울리지 않는다는 의견이 많았기 때문이야.

## 영국 왕 찰스 1세가 국가 반란죄로 처형당했다고?

 영국 왕 찰스 1세는 절대 왕정을 꿈꾸며 자기 맘대로 나라를 다스렸어. 의회의 승인 없이 백성들에게서 세금을 마구 거두어들이고, 국교를 강제로 믿게 했지. 그래서 의회 의원들과 왕이 번번이 맞섰는데, 찰스 1세는 하루아침에 의회를 해산해 버리고 11년 동안 제멋대로 나라를 다스렸단다.

마침내 영국에는 내란이 일어나, 찰스 1세를 지지하는 왕당파와 찰스 1세를 반대하는 의회파가 맞서 싸웠지. 이 내란은 크롬웰 장군이 이끄는 의회파의 승리로 끝나, 찰스 1세는 포로로 잡혀 감옥에 갇혔어. 크롬웰은 왕이 국가 반란죄로 재판을 받아야 한다는 법안을 의회에서 통과시켰지. 찰스 1세는 국가 반란죄로 재판을 받았어. 그에게는 끝내 사형 선고가 내려졌고 형장의 이슬로 사라졌지.

찰스 1세와 영국 의회 사이에 일어난 내전을 '영국 혁명' 또는 '청교도 혁명'이라고 부른단다.

## 런던 대화재

# 런던 대화재를 '위대한 화재'라고 부른다?

**런던 대화재는 월요일부터 목요일까지 런던을 휩쓸었는데 런던시의 5분의 4가 불에 타고 인구 40만 명 중 25만 명 이상이 집을 잃었다.**

중세 이후 유럽의 여러 도시가 화재를 겪었는데, 가장 큰 화재 사건으로 기록된 것이 1666년에 일어난 '런던 대화재'야.

당시 런던은 비좁은 길을 사이에 두고 게딱지만 한 집들이 다닥다닥 붙어 있었어. 게다가 집들은 모두 목조 건물이었어. 이런 이유로 1660년부터 1669년 사이에 런던에서는 20여 건의 화재가 일어났지.

정부 당국은 화재를 예방하려고 시민들을 상대로 '자나 깨나 불조심'을 외쳤어. 밤에 자기 전에는 반드시 불을 끄고 문 밖에 물통을 두게 했지. 그러나 이런 지시는 잘 지켜지지 않았어. 불이 나면 재빨리 달아날 수 있도록 큰 건물에 사다리를 비치해 두는 정도였지.

런던 대화재가 일어난 것은 1666년 9월 2일 월요일 새벽이었어. 런던 다리 근처인 푸딩로에는 왕의 제빵사인 토마스 패리너의 빵 공장이 있었어. 패리너는 전날 밤 불을 다 끄지 않은 채 잠자리에 들었던 거야. 빵을 굽는 화덕에서 번진 불은 순식간에 빵 공장 일층을 덮쳐 버렸어.

"불이야, 불이야!"

패리너는 하인이 외치는 소리에 잠이 깼어. 그는 딸 하나와 하녀를 깨우고 잽싸게 옥상으로 피신했지. 그러나 하녀는 고소 공포증<sup>높은 곳에 올라가면 떨어질 것처럼 심한 불안과 공포를 느끼는 증상</sup>이 있어서 그대로 공장 안에 있다가 연기에 질식해 숨지고 말았어.

패리너의 빵 공장이 있는 푸딩로 부근에는 템스강이 있어서 부두 주변에는 가게들이 잔뜩 모여 있었어. 빵 공장에서 일어난 불은 옆 가게들까지 옮겨 붙었지. 소방대가 달려왔지만 도저히 불을 끌 수가 없었어. 때마침 바람이 불어와 더욱 거센 기세로 불길이 번져 갔으니까.

소방대장이 허겁지겁 런던 시장 토마스 블러드워스에게 달려간 것은 새벽 4시쯤이었어.

"시장님, 큰일 났습니다. 푸딩로에 불이 나서 걷잡을 수 없이 불길이 번지고 있습니다."

소방대장의 보고에 시장은 마지못해 일어나 먼발치에서 화재 현장을 보았어.

"저 정도 화재에 무슨 호들갑인가? 흥, 오줌으로도 끌 수 있는 불인데."

시장은 이렇게 말하고는 다시 잠자리에 들었단다.

하지만 이튿날 아침에도 불은 꺼지지 않고 더욱 크게 퍼져 나가자 그는 소스라치게 놀랐어.

"하느님 맙소사! 이 무슨 날벼락인가?"

시장은 집 안에 숨겨 둔 황금을 챙겨 마차를 타고 서둘러 런던 교외로 달아났지.

월요일에 시작된 불은 목요일이 되어도 꺼지지 않았어. 강한 바람을 타고 무서운 기세로 번져, 거대한 도시를 잿더미로 만들어 버렸지.

이 화재는 영국 왕의 형제인 요크 공작이 나서, 화약으로 건물들을 폭파해 방어선을 만든 뒤에야 가까스로 진화되었단다.

화재의 피해는 엄청났어. 런던시의 5분의 4가 불에 탔으며, 세인트폴 대성당을 비롯하여 87개의 교회, 민가 1만 3천여 채, 그리고 대부분의 공공건물이 파괴되었지. 이때 런던시의 인구가 40만 명쯤이었는데, 25만 명 이상이 집을 잃었다는구나.

그러나 이 화재 덕분에 런던 시민들은 화재 예방에 더욱 힘쓰게 되었고, 석조 건물들로 이루어진 새로운 도시가 건설되었어. 또한 소방 안전을 위한 건축 방화법이 제정되고 화재 보험 회사가 탄생했어. 그래서 후세 사람들은 런던 대화재를 '위대한 화재'라고 부르고 있단다.

## 런던 대화재 덕분에 페스트가 사라지다

영국에서는 17세기 초부터 '흑사병'이라 불리는 페스트가 크게 유행했어. 페스트는 쥐가 옮기는 페스트균 때문에 나타나는 질환인데, 페스트에 걸리면 구토, 두통과 함께 피부에 검은 반점들이 생기고 대부분 사망했어. 1625년에는 이 전염병으로 런던 시민 4만여 명이 목숨을 잃었지.

페스트 피해가 가장 컸던 것은 1665년이었어. 4, 5월에 시작되어 무서운 기세로 퍼지더니, 연말까지 모두 6만 8,596명이 페스트로 죽었지. 전염병이 돌자 왕실과 귀족은 런던을 떠나 시골로 갔으며, 다음 해 2월에야 런던으로 돌아왔단다.

그런데 1666년 9월의 런던 대화재로 런던에서는 페스트가 거의 사라졌어. 수많은 집들이 불에 타, 그곳에서 들끓던 쥐들이 모두 죽었기 때문이지.

### 의치

## 가난한 사람들이 자기 이를 뽑아 팔았다?

16세기 무렵에는 썩은 이를 뽑고 그 자리에 다른 사람의 이를 넣는
의치가 유행해 산 사람이나 죽은 사람의 이를 사고파는 일이 많았다.

의치는 썩은 이를 뽑아낸 자리에 보충하여 만들어 넣은 가짜 이를 말해. 인류 역사상 가장 먼저 의치를 이용한 사람들은 기원전 8세기경 이탈리아의 토스카나에 살았던 에트루리아인들이야. 이들은 치과 기술이 뛰어나 상아나 뼈로 손수 의치를 만들어 사용했단다. 즉 충치를 뽑아낸 자리에 의치를 박고 금으로 만든 띠로 고정시킨 거야.

에트루리아인들은 시체에서 이를 뽑아 그것을 대신 박아 넣는 기술도 가지고 있었어. 이것을 이용하는 계층은 대부분 상류층이었지.

에트루리아인들의 치과 기술은 그 뒤 로마까지 전해졌어. 로마 사람들은 회양목 등 나무로 의치를 만들어 사용했지.

로마 이후에는 문헌에 의치에 관한 기록이 나오지 않다가, 16세기쯤 잇몸에 구멍을 뚫어 철사를 넣고 의치를 고정시켰다는 기록이 나온단다. 그

리고 이를 뽑아낸 자리에 다른 사람의 이를 넣어 박았다는 기록이 많이 나왔지.

17, 18세기에 와서는 가난한 사람들이 자기 이를 뽑아 파는 일이 빈번해져. 부자들은 치과 의사를 통해 가난한 사람들의 튼튼하고 좋은 이를 사들여 대신 박았거든. 가난한 사람들은 자기 이를 뽑아 팔아서라도 돈을 벌어 생계를 꾸려 가야 했으니까.

당시 치과 의사들은 신문에 좋은 값에 이를 사겠다거나, 자신이 수백 건의 의치 이식에 성공했으니 많이 이용해 달라는 광고를 내기도 했단다.

19세기 들어 의치가 큰 인기를 끌자, 무덤에서 시체를 파내어 이를 뽑아 파는 사람들까지 생겨났어. 런던에서는 대부분의 치과 의사들이 이런 방법으로 의치를 구했다고 해.

심지어 미국에서 남북 전쟁이 일어났을 때는 전쟁터를 돌아다니며 시체들에서 이를 뽑아 챙기는 도둑들이 많이 있었다는구나. 부상당한 군인들의 멀쩡한 이까지 뽑아 가는 경우도 있었다니 정말 끔찍하지? 이렇게 수단과 방법을 가리지 않고 얻은 의치들은 유럽으로 수출되어 귀족과 부자에게 이식되었지.

의치 이식은 20세기에 와서는 자취를 감추게 되었단다. 충치가 있어도 이를 뽑지 않고 인공 치아인 크라운을 씌우면 될 정도로 치과 기술이 발전했으니까.

## 충치 때문에 고생한 여왕 엘리자베스 1세

영국의 여왕 엘리자베스 1세는 46세였던 1578년 12월에 치통 때문에 며칠 동안 잠을 이루지 못했어. 얼마나 고통이 심했는지 수면제를 먹어도 듣지 않을 정도였지.

그런데 엘리자베스 1세는 그런 상태에서도 충치를 뽑지 않았어. 이빨을 뽑는 것에 큰 두려움을 느끼고 있었거든. 이때 런던의 주교가 엘리자베스 1세를 찾아와 말했지.

"여왕님, 이빨을 뽑는 것은 그렇게 고통스럽지 않습니다. 마침 저도 충치를 앓고 있는데, 여왕님 앞에서 이빨을 뽑도록 하겠습니다."

주교는 여왕이 지켜보는 가운데 충치를 뽑아, 이빨을 뽑는 고통이 그리 크지 않다는 것을 보여 주었지. 그러자 여왕도 안심하고 비로소 충치를 뽑았다는구나.

## 젖병
# 아이의 목숨을 빼앗는 '살인 젖병'과의 전쟁

산업 혁명 이후 유리와 고무를 대량 생산할 수 있게 되자 젖병이 널리
보급되었다. 특히 여러 명의 아이를 맡아 돌보는 유모들에게 인기가 좋았다.

17세기에 영국 묘지에서는 이따금 이런 내용의 글이 새겨진 묘비를 찾아볼 수 있었어.

"아들 여섯과 딸 여섯을 모유(자기 어머니의 젖)로 기른 어머니."

엄마가 자식을 젖을 먹여 기르는 것은 당연한 일인데, 어째서 그 내용이 묘비에 새겨졌을까? 그것은 당시 영국에서 대부분 아기를 유모에게 맡겼기 때문이지. 왕족, 귀족 등 높은 신분의 집안에서는 유모를 구해 집 안에 들이고, 평민 집안에서는 유모의 집에 아기를 데려다 주었거든.

이런 풍습은 비단 영국뿐만 아니라 프랑스, 독일, 이탈리아, 스페인, 포르투갈 등 유럽 전체에 널리 퍼져 있었어.

그런데 18, 19세기 유럽에 산업 혁명이 일어나 유리와 고무를 대량 생산할 수 있게 되면서 젖병이 만들어져 널리 보급하게 되었단다. 젖병은 값이

싼 데다 여러 명의 아기들을 한꺼번에 먹일 수 있어 아주 효과적이었지. 여러 명의 아기들을 맡아 돌보는 유모들이나, 아기에게 직접 젖을 먹일 수 없었던 엄마들에게 젖병은 큰 인기를 끌었어.

젖병은 이미 고대 사회 때부터 사용되어 왔단다. 2, 3세기쯤의 아기 무덤에서 젖병이 발굴되었는데, 이 아기들은 모두 가난한 집안의 자식들이었지. 고대 사회에서는 귀족 집안이나 부자들만이 집 안의 노예나 다른 여자를 유모로 삼아 아기에게 젖을 먹였으니까.

젖병은 나무, 유리, 흙, 가죽, 뿔, 금, 은 등 다양한 재료로 만들어졌어. 양이나 염소의 뿔에 구멍을 뚫어 만든 코른 젖병에는 이런 이야기가 전해 내려오고 있단다.

옛날 '로베르'라는 아기가 태어났는데, 이 아이는 무척이나 유모들을 괴롭혔어. 젖을 먹일 때면 젖꼭지를 아프게 깨물었고, 악을 쓰고 울어 대기 일쑤였지. 그래서 유모들은 로베르라면 넌더리를 내고 젖을 물리기를 꺼렸어. 그런데 어느 날, 한 유모가 양의 뿔로 코른 젖병을 만들고 거기에 양젖을 넣어 로베르에게 물렸지. 그랬더니 얌전하게 젖병을 빨았다고 해.

요즘 쓰는 기다란 젖병이 나오기 시작한 것은 19세기 중반이었어. 1869년 프랑스의 로베르가 만든 젖병은 유리병과 고무 꼭지로 이루어진 젖병이었어. 그런데 젖병이 잘 씻기지 않아 퇴적물이 생기고, 우유가 금방 상하는 등 비위생적이었지. 급기야는 아기들이 심한 설사와 함께 구토가 나고 탈수 증상에 시달리는 콜레라에 걸렸어. 이 콜레라는 유럽 전체로 퍼졌고, 로베르 젖병은 수많은 아기들의 목숨을 빼앗아 '살인 젖병'이라고 불

리기도 했단다.

　마침내 프랑스에서는 이 젖병 사용을 금지하는 조치를 내렸고, 의료 감독관과 유모·엄마 사이에 이른바 '젖병 전쟁'이 시작되었지. 유모와 엄마들은 아기에게 젖을 먹여야 하기에 젖병을 사용하려 했고, 의료 감독관들은 그 젖병을 찾아내 무조건 없애려 했거든.

　의료 감독관들은 집집마다 찾아다니며 눈에 불을 켜고 젖병을 찾았어. 유모와 엄마 들은 젖병을 빼앗기지 않으려고 집 안 깊숙이 숨겨 두었지. 의료 감독관들은 집 안을 이 잡듯이 뒤지기 때문에 그들의 수색을 피하기가 쉽지 않았어. 이들은 젖병을 발견하면 그 자리에서 망가뜨려 버렸단다.

　그 후 새로운 젖병이 개발되고 위생에 신경을 많이 썼기 때문에 '살인 젖병'은 자취를 감추게 되었지.

## 유모는 어떤 일들을 했을까?

아기가 태어났는데 엄마가 죽거나 젖이 잘 안 나온다면 어떻게 해야 할까? 분유나 젖병이 없던 옛날에는 엄마 대신 아기를 키워 줄 수 있는 유모를 구했단다. 이럴 때 유모로 뽑히는 사람이 집 안의 여자 노예였어. 아니면 다른 지역에서 여자를 데려오기도 했지.

고대 그리스의 귀족 집안에서는 스파르타 여자를 유모로 불러들였다고 해. 스파르타 여자들은 아이들을 엄격하게 기르기로 소문났거든. 실제로 이들은 아이들을, 어둠을 두려워하지 않고 눈물을 참을 줄 알며, 식성도 까다롭지 않은 아이로 키웠다는구나.

고대 로마에서는 그리스 출신 여자들을 유모로 삼았어. 로마 사람들은 그리스를 문명국으로 여겨 그리스 여자가 아이들 교육을 잘 시킨다고 생각했으니까.

그런가 하면, 고대 바빌로니아의 「함무라비 법전」에는 유모가 계약 기간 중에 다른 아기에게 젖을 먹이지 못한다고 밝혀 놓았단다. 아기가 죽었더라도 그 부모의 승낙을 받지 않고 다른 아기에게 젖을 먹이면 유모의 젖가슴을 자르는 벌을 내릴 정도였어.

## 고구마
# 고구마 덕분에 중국의 인구가 네 배로 늘었다?

**고구마는 아메리카 대륙 열대 지역에서 중국, 일본, 우리나라에
전해진 후 흉년으로 기근이 심할 때 즐겨 먹었다.**

고구마는 메꽃과에 속하는 여러해살이풀이야. 한자 말로는 감저·조저·남감저라고 해.

줄기는 지면을 따라 뻗으면서 뿌리를 내리는데, 그 일부가 땅속에서 커져 덩이뿌리인 고구마가 된단다. 그 모양은 방추형·긴 타원형·뾰족한 계란 모양 등 여러 가지가 있어.

고구마를 캐어 보관했다가 이듬해 봄에 심으면 고구마에서 몇 개의 싹이 나와. 이 싹을 잘라 밭에 심으면 뿌리를 내리지. 고구마는 7월 말부터 성숙하기 시작하는데, 가을에 서리를 만나면 잎과 줄기가 시들고 뿌리가 썩기 쉬우므로 첫서리가 내리기 전에 수확을 해야 해.

고구마의 원산지는 아메리카 대륙 열대 지역이야. 아메리카 대륙을 발견한 스페인 사람들에 의해 유럽에 전해졌고, 그 후 스페인 사람들이 멕

시코의 아카풀코항에서 필리핀 루손섬의 마닐라에 이르는 무역을 하면서 아시아에 전해졌어. 그리고 16세기 말에 중국 푸젠성의 상인 진진룡이 고구마가 좋은 농작물임을 알고 배의 돛에 감추어 빼돌림으로써 중국에 전해졌어.

고구마는 중국에서 흉년으로 기근이 심할 때 먹을 수 있는 구황 작물로 큰 인기를 얻었는데, 고구마 덕분에 한나라 시대 이후 5천만 명에서 1억 명에 머물러 있던 인구가 청나라 때 4억 명으로 늘어났다고 해.

고구마는 명나라와 무역을 하는 류큐 왕국을 거쳐 일본으로 전해졌어. 일본은 1716년에서 1736년 사이에 대기근을 겪었는데 고구마를 심은 지방에서는 큰 피해를 입지 않았지.

우리나라에 고구마가 전해진 것은 조선 영조 39년인 1763년이야. 조선 통신사로 일본에 갔던 조엄이 대마도에 들러 고구마 종자 몇 말을 얻어 와 동래와 제주도에서 시험 삼아 심게 했어. 조엄이 들여왔다고 해서 고구마를 '조저'라고도 하는 거야.

그 뒤 고구마는 여러 사람들이 재배와 보급에 힘써서 1900년대 초에는 전국적인 작물이 되었어. 백성들은 고구마 덕분에 굶주리지 않게 되었지.

일본에서는 대마도에서 효자가 이것을 길러 부모를 모셨다는 뜻으로 '고코이모'라고 했어. 이 이름이 조선에 전해져서 '고구마'라 부르게 되었지. 그러나 고구마를 처음 들여올 때 전남 완도군에 있는 섬인 고금도에서 잘 자랐다고 하여 '고금이'라고 불렀고, 이 이름이 변하여 '고구마'가 되었다는 이야기도 있어.

고구마는 옛날에 양식이 떨어졌을 때 쌀·보리 등의 곡식 대신 먹었어. 요즘은 흔히 삶아 먹거나 구워서 간식으로 먹지. 또는 기름에 튀겨 먹거나 밥·떡에 섞어 먹기도 해. 엿·포도당·과자류·식용 가공품·의약품·화장품 등으로 이용되고, 알코올·위스키·소주 등의 원료로도 쓰이고 있어.

### 감자는 고구마와 어떻게 다를까?

 감자는 고구마와 같이 세계적으로 중요한 식용 식물 가운데 하나인데, 고구마와 달리 땅속줄기 끝부분이 부풀어 올라 덩이줄기를 이룬단다. 이것이 다 자라면 캐서 먹는 거지. 또 따뜻한 곳에서 잘 자라는 고구마와 달리 감자는 서늘한 기후에서 잘 자란단다.

감자는 만주에서 우리나라에 들어와 전국 각지에 퍼졌고, 양주·원주·철원 등에서 대기근일 때 많은 가난한 사람들을 굶주림에서 구했어. 감자는 당분이 적지만 고구마보다 단백질이 많아. 삶아서 주식 또는 간식으로 먹고, 굽거나 기름에 튀겨 먹기도 해. 감자를 이용한 음식으로는 감자밥·감자수제비·감자범벅·감자조림·감자부침개·감자떡 등이 있어.

**연금술**
## 수은과 납으로 금을 만든다?

연금술은 수은·납·구리 같은 비금속으로 금·은 등의 귀금속을 만드려는 화학 기술이다. 과학이 발달하기 전까지 이런 믿음은 천 년 이상 이어졌다.

18세기 초 독일에 프리드리히 뵈트게라는 젊은이가 있었어. 그는 어린 나이에 뛰어난 연금술사로 소문이 자자했지. 이미 16세에 사람들을 모아 놓고 수은이나 납으로 금을 만들었다는 거야.

프로이센 왕 프리드리히 1세는 이 소문을 듣고 귀가 솔깃했어.

"우리나라에 그처럼 대단한 천재 연금술사가 있다고? 그를 불러들여 많은 금을 만들게 한다면 텅 빈 나라의 곳간이 채워지겠구나. 당장 그를 데려오너라."

그러나 프로이센 왕보다 작센의 강성왕 아우구스트 2세가 한 발 빨랐어. 뵈트게를 작센의 수도인 드레스덴으로 재빨리 데려다 놓은 거야.

아우구스트 2세는 궁전의 방에 뵈트게를 가둬 두고 극진한 대접을 했어. 상다리가 휘어지도록 음식을 차려 주고, 궁전 정원을 산책하는 특권까지 주었지.

"뵈트게, 나를 위해 금을 만들어 다오. 내 간절한 소원이다."

아우구스트 2세는 뵈트게를 볼 때마다 이렇게 청했어. 하지만 뵈트게는 금을 만들지 않고 금을 만드는 비법도 털어놓지 않았어. 그러자 화가 머리 끝까지 난 아우구스트 2세는 마침내 소리쳤어.

"참으로 고얀 놈이로구나! 당장 저놈을 감옥에 가둬라!"

아우구스트 2세의 명령으로 뵈트게는 감옥에 갇히고 말았어.

당시 왕이나 영주들은 수은이나 납으로 금을 만든다는 연금술사들을 자기네 궁전으로 다투어 데려갔어. 그리고 그들을 궁전에 앉혀 놓고 금을 만

들 것을 강요했지. 금을 만들지도 않고 금을 만드는 비법마저 알려 주지 않으면 왕이나 영주들은 노발대발했어. 연금술사를 감옥에 가두거나 심한 고문을 했지. 기술도 없으면서 연금술사 행세를 하다가 들통나면 사기꾼이라고 사형에 처하기도 했단다.

아우구스트 2세의 신하인 치른하우젠은 뵈트게에게 화학적 재능이 있음을 알았어. 그래서 아우구스트 2세에게 건의하여 뵈트게에게 도자기 만드는 일을 맡기게 했지. 아우구스트 2세는 중국 도자기를 모으는 것이 취미였거든.

감옥에서 풀려난 뵈트게는 도자기 공장을 세워 백색 자기를 만들기 시작했어. 이것이 그 유명한 '마이센 도자기'로, 유럽에서 처음으로 도자기를 생산하게 된 거야. 이때가 1709년이었지.

연금술이란, 수은·납·구리 따위의 비금속을 금·은 등의 귀금속으로 만드는 화학 기술이란다. 중국에서는 불로장수<sup>늙지 않고 오래 삶</sup> 약을 뽑아내는 연단술이 행해졌는데, 이것도 연금술이라고 하지.

연금술은 고대 이집트에서 시작되었어. 그리스, 아라비아를 거쳐 유럽에 전해졌지. 연금술사들은 세상의 모든 물질이 불·공기·물·흙의 네 가지 원소로 되어 있다고 믿었는데, 이는 고대 그리스 사람들의 생각이었어. 그들은 원소들의 비율을 바꾸면 한 물질을 다른 물질로 바꿀 수 있다고 여겼지. 수은·납·구리 같은 비금속으로도 금·은 같은 귀금속을 만들 수 있다고 믿었던 거야.

또한 연금술사들은 한 물질을 다른 물질로 쉽게 바꿀 수 있게 해 주는 특별한 물질이 있다고 생각했어. 이것이 바로 '현자의 돌' 혹은 '철학자의 돌'이야. 연금술사들은 이 돌을 찾으려고 애썼지만 헛된 일이었지.

연금술사들은 금을 얻으려고 수많은 실험을 했어. 비록 그 실험들은 실패로 끝났지만, 그런 노력들로 화학이 발전할 수 있었지. 실험을 통해 새로운 물질을 많이 발견하고, 증류기·여과기·플라스크 등 다양한 실험 기구와 증발·증류·침전·연소 등의 실험 기술을 개발했으니까.

### 연금술사는 정말 금을 만들었을까?

연금술사들 중에는 금을 만드는 데 성공했다고 주장하는 사람들이 많았어.

1783년 영국 과학원에서는 회원이자 연금술사인 프라이스가 정말 납을 금으로 바꾸었는지 공개 실험을 하게 했어. 프라이스는 세 명의 회원이 지켜보는 가운데 실험을 했는데 끝내 실패하고 말았지.

연금술사들 가운데 속임수에 능한 사람은, 금을 만드는 공개 실험을 할 때 미리 금을 숨겨 두었어. 이를테면 속이 빈 막대기 안에 금을 숨겨 놓고 밀랍으로 봉하는 거야. 그랬다가 뜨거운 용액을 막대기로 휘저어, 그때 밀랍이 녹아 금이 나오게 하는 거지. 또는 쇠붙이를 녹이는 큰 그릇인 도가니 바닥을 층층으로 만들어 그 사이에 금을 감추는 방법도 쓰였단다.

이처럼 금을 만들었다고 주장하는 연금술사가 많았지만 실제로 성공한 사람은 없었단다.

**해적**
# 기사 작위를 받은 '해적 왕' 드레이크

바다를 통한 무역이 활발하던 근세 시대에 '바다의 약탈자'인
해적은 국가의 허락을 받고 해적질을 하기도 했다.

프랜시스 드레이크는 '바다의 약탈자'인 해적으로 알려진 인물이야. 그런데 그는 영국에서는 무서운 해적이 아니라, 엘리자베스 여왕에게 기사 작위까지 받은 국민적인 영웅으로 불리고 있지. 드레이크가 해적질을 했으면서도 영웅이 된 것은, 영국 정부로부터 해적 허가를 받아 스페인의 배를 공격했기 때문이야.

17~18세기 카리브해 일대를 무대로 노예선·화물선·포경선 등 온갖 배들을 약탈한 해적들은 적국의 배를 약탈해도 좋다는 허가증을 가지고 있었어. 이것을 '사략면장'이라고 하고 약탈을 허락받은 배는 '사략선'이라고 하지.

콜럼버스가 아메리카 대륙을 발견한 이후 바다의 지배자는 스페인과 포르투갈이었어. 이 두 나라는 경쟁적으로 아메리카 대륙에 식민지를 두고 금은보화·후추 등 귀중한 재물을 유럽으로 실어 날랐지. 그래서 이들의 배는 해적들의 약탈 대상이 되었고, 해적들은 급격하게 늘어났단다.

해적질은 막대한 경제적 이득을 얻을 수 있는 수지맞는 장사였어. 그래서 왕실은 물론 귀족·상인에 이르기까지 너도나도 이 사업에 뛰어들었지. 사략면장을 얻은 해적들은 먼저 투자자들을 대상으로 투자금을 모은 뒤 '해적 사업'을 시작했단다. 적선을 습격하여 전리품을 챙기면 투자자들과 나누어 가졌지.

드레이크는 해적 허가를 받은 뒤 자신의 사략선을 이끌고 아메리카 대륙으로 향했어. 그는 서인도 제도와 파나마 앞바다를 누비며 스페인의 배들을 닥치는 대로 약탈했지. 1572년에는 스페인의 식민지인 파나마의 놈브레 데 디오스 항구를 습격했어. 이 항구에는 아메리카 광산에서 캐낸 엄청난 분량의 금과 은이 있었지. 또한 1579년에는 지금의 샌프란시스코 연안에서 스페인의 배인 카카푸에고호를 공격했어. 이 배에는 무려 1,200만 파운드에 달하는 금은이 실려 있었어.

이처럼 드레이크가 스페인의 배를 습격하고 수많은 재물을 빼앗았으니, 스페인 왕실에게는 드레이크가 최대의 적이었어. 스페인 왕 펠리페 2세는 드레이크를 악마 또는 용이라 부르며 그를 잡으려고 수십억 원의 현상금을 내걸었어. 그리고 영국 정부에 해적 왕 드레이크를 넘겨 달라고 요구했지.

드레이크가 스페인에게는 처단해야 할 해적이었지만, 영국에게는 국민의 사랑을 받는 영웅이자 애국자였어. 드레이크가 영국 왕실에 바친 보물이 영국의 한 해 국가 수입을 훨씬 넘는 엄청난 금액이었거든. 그러니 엘리자베스 여왕은 드레이크를 처벌하기는커녕 그에게 기사 작위를 주고 해군 제독으로 임명했단다. 그 뒤 드레이크는 스페인과의 전쟁에서 영국 함대 지휘관으로 출전하여, 스페인의 무적함대를 무찌르는 데도 큰 공을 세웠어.

해적은 본래 '바다의 약탈자'로서 처벌의 대상이었지. 하지만 드레이크처럼 국가 권력의 부름을 받은 해적은 나라에 큰 공을 세워 역사에 이름을 남길 수 있었단다.

## 해적들의 엄격한 규율과 혹독한 벌

해적들은 재물을 약탈하고 사람들을 마구 죽이는 범죄 집단이었지만, 자기들끼리는 규율을 만들어 철저히 지켰어. 그 내용을 보면, 선장을 투표로 뽑아 그의 명령에 복종하도록 했으며, 약탈물은 정해 놓은 몫을 정확히 나누어 가졌어. 선장이 둘을 가져간다면 갑판장, 일등 항해사, 선의<sup>배의 의사</sup>, 목공, 포수 등의 고급 선원은 하나 반, 그리고 보통 선원들은 하나씩 배당 받았어. 또한 부상을 당하거나 목숨을 잃을 경우에는 오늘날의 보험과 비슷한 보상금이 본인이나 가족에게 지급되었지.

규율을 어겼을 때는 엄한 벌을 받아야 했어. 도망치려 하거나 배신을 한 자는 총살 또는 무인도에 버려졌어. 동료의 물건에 손을 댄 자도 마찬가지 형벌을 받았지. 동료를 공격하거나 자잘한 규칙을 어긴 자는 웃통이 벗겨진 채 등에 수십 대의 채찍을 맞았어. 그리고 전투 준비를 하지 않거나 그 명령을 거부한 자는 약탈물을 한 푼도 받지 못하고, 선장과 선원들이 합의하여 벌을 내렸지.

선장과 선원들은 이 같은 규율이 정해지면 약탈 항해를 떠나기 전에 이를 지키겠다고 다 같이 서명을 했다는구나.

## 청진기
### 청진기는 뚱뚱한 여자 때문에 발명되었다?

청진기는 환자의 몸 안에서 나는 소리를 잘 들을 수 있게 만든 의료 기구이다. 프랑스 의사 르네 라에네크가 처음 발명해서 사용했다.

1754년 오스트리아의 의사 아우엔브루거는 인체의 내장 기관을 치료하는 내과 전문 의사였지. 그런데 아우엔브루거는 환자들의 진료를 담당하면서 어려움이 많았어. 당시에는 환자들을 진찰할 때 직접 검사하지 않고 여러 증상을 호소하는 환자들의 말에만 의지했거든. 따라서 치료에 도움이 되는 정확한 진찰을 할 수가 없었어.

'살아 있는 사람의 몸속을 들여다볼 수도 없고……. 좋은 진단 방법이 없을까?'

며칠 동안 머리를 싸매고 고민하던 아우엔브루거는 불현듯 어린 시절의 일이 떠올랐어.

'우리 집은 시골에서 여관을 겸하는 식당을 해서, 아버지는 포도주를 나르느라 늘 바빴지. 아버지는 포도주가 얼마나 남았는지 알아보려고 자주

주먹으로 술통을 두드렸어. 술통 속을 들여다볼 수 없어서 말이야. 나도 이 방법을 써서 환자의 몸을 두드려 보면 어떨까? 그러면 환자의 몸이 어떤지 알 수 있지 않을까?'

아우엔브루거는 환자들을 진찰할 때 가슴이나 배 등을 두드려 보았어. 그러자 정상인과 환자가 그 소리가 다른 거야. 정상인의 가슴을 두드리면 맑은 소리가 나는데, 환자의 가슴을 두드리면 둔탁한 소리가 났지.

아우엔브루거는 많은 환자들을 돌보면서 이 진단법을 7년 동안 연구하여 1761년 「새로운 발견」이라는 논문을 발표했어. 이 논문에서 다룬 새로운 진단법이 바로 '타진법'이야. 신체 표면을 두드려 내부 장기의 상태를 알아냄으로써 폐렴이나 폐결핵의 진단에 아주 효과적이었지.

그러나 이 진단법은 크게 주목받지 못했어. "환자의 몸을 왜 두들겨? 더 악화시키려고 그래?" 하고 핀잔을 주는 사람도 있었어.

아우엔브루거의 타진법은 그 후 50년 가까이 묻혀 있었어. 그러다가 프랑스의 의사인 코르비자르가 우연히 아우엔브루거의 논문을 읽게 되었지.

'타진법이 기막히게 좋은 진단법이로구나. 내가 왜 진작 이것을 발견하지 못했지?'

코르비자르는 그 뒤부터 환자를 진찰할 때는 꼭 가슴을 두드렸어. 그리고 이 타진법을 널리 보급하기 위해 발 벗고 나섰지. 1808년 아우엔브루거의 논문에 자신의 경험을 보태어 440쪽에 이르는 책을 펴냈어.

코르비자르는 파리의 샤리테 병원 의사와 콜레지 드 프랑스의 내과 교수를 지냈는데, 그의 제자 가운데는 라에네크라는 젊은이가 있었어. 라에네크는 코르비자르의 지도를 받아 1804년 의사가 되었으며, 1816년 네케르 병원 원장이 되었지.

라에네크는 어느 날 병원에서 심장병이 의심되는 여자 환자를 진찰하고 있었어. 그 여자 환자는 살이 찌고 뚱뚱했지. 라에네크는 스승에게 배운 대로 환자의 가슴을 손으로 두드렸지만, 너무 비대하여 아무 효과가 없었어.

라에네크는 환자의 가슴에 귀를 갖다 대어 심장 뛰는 소리를 들을까 하는 생각을 잠깐 해 보았어. 하지만 상대가 젊은 여성이었기 때문에 그렇게 할 수도 없었어.

라에네크는 여자 환자가 손에 쥐고 있는 팸플릿으로 눈길을 돌렸어. 순간, 좋은 생각이 떠올랐어. 그는 팸플릿을 달라고 하여 그것을 둘둘 말아, 한쪽 끝을 환자의 가슴에 댄 거야. 다른 쪽 끝에 귀를 대니 심장 뛰는 소리가 똑똑히 들렸어.

이렇게 해서 라에네크는 우연히 청진기를 발명하게 되었지. 그는 30센티미터쯤 되는 빈 나무 원통을 만들어 진찰할 때 사용했어.

청진기는 환자의 신체 기관에서 나는 소리를 듣는 데 아주 효과적이었어. 그리하여 정확한 진찰과 치료를 할 수 있게 되었지. 이때부터 청진기는 의사한테 가장 중요한 의료 도구가 되었단다.

### 프랑스 황제 나폴레옹의 주치의가 된 코르비자르

1807년 나폴레옹은 천식을 앓았어. 증세가 심해 별의별 약을 써도 낫지 않았어. 그때 나폴레옹은 코르비자르에 대한 소문을 들었어.

"타진법인가 하는 진단법을 써서 정확한 진찰을 해 병을 낫게 하는 의사가 있다고? 그 의사를 모셔 오너라."

코르비자르는 나폴레옹에게 불려 갔어. 그는 떨리는 마음을 가라앉히고 나폴레옹의 가슴을 두드렸어. 그리고 나폴레옹이 폐를 앓고 있다는 것을 알아냈지.

나폴레옹은 코르비자르가 지어 준 약을 먹고 병세가 많이 좋아졌어. 그러자 그는 코르비자르를 주치의로 임명했단다. 코르비자르에 대한 나폴레옹의 신임은 대단했어. "난 의학을 믿지 않아도 코르비자르는 믿는다."고 말한 적도 있거든.

## 극작가 셰익스피어
# 셰익스피어가 극장에서 마구간지기 일을 했다?

**셰익스피어는 고등 교육을 받지 못했지만 뛰어난 언어 능력과
무대 예술 감각으로 『로미오와 줄리엣』, 『햄릿』 같은 유명한 희곡을 남겼다.**

　셰익스피어는 어려서부터 연극배우가 되는 것이 소원이었어. 당시에는 연극을 하려면 런던으로 가야 했어. 런던에는 크고 작은 극단이 있어서 관객들을 상대로 갖가지 공연을 하고 있었거든.

　셰익스피어는 23세에 고향을 떠나 런던으로 갔어. 그는 영국에서 가장 오래된 유명한 극장을 무작정 찾아갔지.

　"저, 지배인님을 뵈러 왔는데요."

　셰익스피어는 극장 사무실로 들어가 지배인에게 배우가 되고 싶어 왔다고 했어. 그러나 그는 지배인에게 연기 경험이 없어 배우가 되기는 어렵다는 대답을 들었어. 하지만 셰익스피어는 끈질기게 부탁했어.

　"무슨 일이든 좋습니다. 제발 이 극장에서 일하게 해 주십시오."

　"그럼 마구간지기를 맡길 테니 해 보겠나?"

마구간지기는 극장 앞에서 손님들이 타고 온 말을 맡아 돌보는 일을 하는 사람이야.

"하고말고요. 저를 써 주시는 것만으로도 감사한걸요."

셰익스피어는 마구간지기 일을 열심히 했어. 밝고 유쾌한 마음으로 늘 웃으며 말들을 잘 돌보았어. 그가 맡고부터 말이 뒤바뀌는 일이 없었어.

"자네 참 쉬지 않고 일하는군. 아주 성실해. 게다가 밝은 모습으로 웃으며 일하니 참 보기 좋군. 이번에는 프롬프터를 해 봐."

프롬프터는 연극 중에 대사를 까먹은 배우에게 대사를 읽어 주는 사람을 말한단다. 셰익스피어는 신바람이 나서 이 일도 열심히 했어.

그러던 어느 날, 셰익스피어에게 기회가 왔어. 지배인이 그를 불러 이렇게 말했어.

"자네 배우가 되고 싶다고 했지? 마부 역을 하지 않겠어?"

연극에서 마부 역을 하던 배우가 갑자기 죽어 찾아온 행운이었어. 셰익스피어는 레카스터 극단의 배우가 되어 무대에 섰어. 대사는 몇 마디 되지 않았지만 마부 역을 실수 없이 해냈어.

이때부터 셰익스피어는 연출가의 눈에 들어 계속해서 무대에 서게 되었어. 그러나 배우의 길은 멀고 험했어. 셰익스피어에게 주어지는 배역은 '병사 1'이나 '백성 2'가 고작이었어. 연기 능력을 인정받아 주연 배우가 되려면 10년 이상 무대에 서야 했지.

'나는 아무래도 연기에 재능이 없나 봐. 차라리 연극 대본을 쓸까?'

셰익스피어는 연극 대본을 고쳐 써 본 적이 여러 번 있었어. 그때마다 단

원들에게 내용이 좋아졌다고 칭찬을 받았던 거야.

셰익스피어는 열심히 희곡을 썼어. 그리고 연출가의 인정을 받아 첫 작품이 무대에 올랐어. 관객들의 반응은 뜨거웠지. 연극이 끝나자 모두들 일어나서 우레와 같은 박수를 쳤지.

셰익스피어는 유명한 극작가가 된 뒤 이런 말을 했어.

"마음이 유쾌하면 하루 종일 걸어도 피곤하지 않지만, 마음에 근심이 있으면 조금만 걸어도 지쳐 버린다. 인생의 길도 마찬가지다. 인간은 늘 밝고 유쾌한 마음으로 인생의 길을 걸어야 한다."

이 말은 자신의 경험에서 나온 말이야. 셰익스피어가 마구간지기 일을 할 때 짜증스런 마음에 마지못해 그 일을 했다면 결코 지배인의 눈에 들지 않았을 테고, 그의 인생은 다른 방향으로 흘러갔을지도 몰라. 무슨 일을 하든 늘 밝고 유쾌한 마음을 갖는다면 좋을 결과를 얻을 가능성이 크단다.

### 동화 작가 안데르센도 연극배우를 꿈꾸다

덴마크의 오덴세에서 구두장이의 아들로 태어난 안데르센은 15세 때 연극배우의 꿈을 안고 코펜하겐으로 갔어. 그는 왕립 극장을 찾아가 지배인에게 배우로 써 달라는 부탁을 했지. 하지만 그 자리에서 거절을 당하고 말았단다. 그래도 안데르센은 실망하지 않았어. 뒷날 아는 사람의 소개로 왕립 극장의 견습 배우로 들어가, 극장에서 잔심부름을 하며 틈틈이 연극 극본 쓰는 연습을 했지.

이때 안데르센은 자신에게 문학적 재능이 있음을 알았어. 그래서 코펜하겐 대학에 들어가 시를 쓰고 소설을 써서 유명한 문인이 되었지. 그 뒤 안데르센은 어린이들이 즐겨 읽을 만한 좋은 동화를 써서 '동화의 아버지'라는 말을 듣는 최고의 동화 작가가 되었단다.

## 화학자 돌턴
# 위대한 화학자 돌턴은 색맹이었다

색채를 구분하는 감각이 불완전해 빛깔을 가려내지 못하거나 다른 색채로
보는 것을 색맹이라고 한다. 빛깔을 판별하는 힘이 약한 시각 증상인 색약도 있다.

영국의 화학자 존 돌턴은 '현대 원자론의 창시자'로 알려져 있어. 그는 모든 물질이 더 이상 쪼개질 수 없는 아주 작은 입자로 이루어져 있다고 주장했지. 그의 원자론은 화학이 발전하는 데 크게 기여했단다.

이처럼 과학사에 큰 발자취를 남긴 화학자 돌턴에게는 한 가지 신체적 장애가 있었어. 그는 색을 식별하는 능력을 갖추지 못한 색맹이었거든.

돌턴이 어렸을 때의 일이야. 어느 날, 돌턴은 친구와 함께 거리로 나갔어. 거리에는 화려한 군복을 차려입은 병사들이 씩씩하게 행진하고 있었지.

돌턴의 친구는 그 광경을 바라보다가 저도 모르게 소리쳤어.

"와, 멋지다! 저 빨간색 군복 좀 봐. 난 이다음에 늠름한 군인이 될 거야."

돌턴은 눈을 동그랗게 떴어.

"군복이 빨간색이라고? 무슨 소리야? 초록색인데."

"애 좀 봐. 엉뚱한 소리를 하네. 저 군복이 빨간색이지 무슨 초록색이니? 너 지금 잠꼬대해?"

돌턴은 친구에게 비웃음을 당하고, 자기 눈이 좀 이상한가 싶어 고개를 갸우뚱했지. 돌턴이 색맹이라는 사실을 확실히 안 것은 청년이 되어서였어. 가난한 퀘이커<sub>침묵의 예배를 하는 기독교의 한 교파</sub> 교도를 부모로 둔 그는 독학으로 과학과 수학을 공부하여, 1792년에는 맨체스터의 대학에서 강사로 일하고 있었어.

어느 날, 돌턴은 어머니에게 선물을 하려고 가게에서 비단 양말을 샀어. 그런데 어머니는 선물을 받고 질색을 하는 거야.

"존, 선물은 고맙다만 하필 빨간 양말을 골랐니? 우리 퀘이커 교도는 이렇게 튀는 화려한 양말은 신을 수가 없단다."

"예? 빨간 양말이라고요? 저는 회색 양말이어서 일부러 골랐는데요."

그제야 비로소 돌턴은 자신이 색을 잘 구별하지 못한다는 것을 알았어. 그는 빨간색과 초록색을 구별하지 못하는 적록 색맹이었지.

색맹은 전색맹과 부분색맹으로 나눌 수 있어. 전색맹은 모든 색을 구별하지 못해서 흑백 사진처럼 밝고 어두움, 짙고 흐린 정도만 느낄 뿐이야. 시력도 0.1 이하이고, 부분색맹에 비해 매우 드물지. 부분색맹은 빨간색, 초록색, 파란색 가운데 한두 가지를 구별하지 못하는 것인데, 적록 색맹과 청황 색맹으로 나뉘어. 적록색맹은 빨간색과 초록색을 가려내지 못하지.

색맹은 눈의 망막에 있는 원추 세포에 결함이 생겨 일어난단다. 원추 세포는 세 가지가 있어 서로 다른 색을 감지하는데, 색맹의 경우에는 원추 세포 중 하나 이상이 없는 거야.

돌턴은 자신의 색맹에 대해 연구하기도 했는데, 영어에서는 적록 색맹을 돌턴의 이름을 붙여 '돌터니즘'이라고 부른단다.

### 눈을 조사해 달라는 유언을 남긴 돌턴

 돌턴은 자신이 색맹인 이유를 이렇게 설명했어. "내 눈 내부에 있는 액체가 빛 속의 빨간 부분을 흡수해 버린다. 그래서 색맹 증세가 나타나는 것이다."

돌턴은 이런 연구 결과를 1794년 책으로 묶어 냈어. 그 책이 바로 『색각에 관련된 놀라운 사실』이야. 돌턴은 자신의 연구 결과가 맞는지 확인하려고 친구인 의사 랜섬에게 자신이 죽으면 눈을 조사해 달라는 유언을 남겼어.

랜섬은 돌턴이 죽자 그의 눈을 떼어 내어 조사하고 돌턴의 생각이 틀렸음을 밝혀냈지. 그 후 돌턴의 눈은 포르말린이 담긴 병에 넣어져 맨체스터 문학·철학 학회에서 150년 동안 보관해 왔어. 케임브리지 생리학자들은 1995년 그것을 꺼내어 다시 조사를 했지. 그리하여 적록 색맹이 분명하다는 사실을 확인했다는구나.